経験の流れとよどみ

ジェイムズ宇宙論への道程

著 大厩諒

晃洋書房

凡例

本書におけるウィリアム・ジェイムズ（William James）からの引用は *The Works of William James*（Gen. ed. Frederick Burkhardt, 19 vols., Cambridge, Mass.: Harvard University Press, 1975-88）および *The Letters of William James: 2 volumes combined*（Ed. Henry James, New York: Cosimo, 2008）に基づき、以下の略号と原書頁によって箇所を示した。また、邦訳があるものはその頁も併記した（ただし、『心理学原理』に関しては表記が煩雑になるため邦訳頁を省略した）。たとえば、（WB 57: 88）は、*The Will to Believe* の五七頁および邦訳書の八八頁を表す（ジェイムズ以外の著作からの引用も同様に表記する）。書名のあとの［　］は原書が最初に出版された年を表す。

PP: *The Principles of Psychology*, 1981.［1890］
WB: *The Will to Believe and Other Essays in Popular Philosophy*, 1979.［1897］
VRE: *The Varieties of Religious Experience*, 1985.［1902］
P: *Pragmatism*, 1975.［1907］
PU: *A Pluralistic Universe*, 1977.［1909］
MT: *The Meaning of Truth*, 1975.［1909］
SPP: *Some Problems of Philosophy*, 1979.［1911］
ERE: *Essays in Radical Empiricism*, 1976.［1912］
ERM: *Essays in Religion and Morality*, 1982.
EPs: *Essays in Psychology*, 1983.

ML: *Manuscript Lectures*, 1988.
MEN: *Manuscript Essays and Notes*, 1988.
LWJ: *The Letters of William James: 2 volumes combined*, 2008.〔1920〕

引用に際しては既存の邦訳を大いに参照したが、地の文との兼ねあいなどの理由から変更を加えた箇所もある。また、引用文中の傍点は断りがない限り原文でイタリックの語句であり、傍線はすべて大文字の語句である。ただし、原文のイタリックが強調以外の目的で施されている場合（ラテン語の成句など）はこの限りではない。原文の構造が複雑な場合には、訳文を分かりやすくするためにしばしば原文にない二倍ダーシ——を挿入した。他方で原文のダーシ（em dash）は、訳文では二倍ダーシによって再現したが、煩雑さを避けるために再現しなかったケースもある。〔 〕、［ ］、〈 〉、〔…〕は、それぞれ引用者による補足、言い換え、語句のまとまりを示すための付加、省略を表す。

序

本書の目的は、米国の哲学者、心理学者であるウィリアム・ジェイムズ（一八四二―一九一〇）の錯綜する諸論点――とりわけ意識論と純粋経験論――を、彼の方法論に着目することで統一的に解釈しなおすことである。換言すれば、ジェイムズのテクストのなかには、対象を捉える視角の差異ないし語りの位相の違いというものがあり、本書はここに注目して彼の議論を立体的に読解することで、従来見落とされてきたジェイムズ哲学の一貫性を明らかにするものである。

以下の考察で示されるように、ジェイムズは、処女作である『心理学原理』（*The Principles of Psychology*, 1890. 以下『原理』と略記する）から最晩年の『多元的宇宙』（*A Pluralistic Universe*, 1909）に至るまで、同じ方法――内在的視点および外在的視点を相互補完的に使い分けながら世界を描く――を一貫して用いることによって自身の哲学を遂行している。また、内部に矛盾や分裂を孕んでいるとされてきた彼の意識論、純粋経験論、宇宙論も、こうした複数の視点によって構成されたことを考慮することで、実際には整合的な体系性を有することも示される。つまり、複数の著作間の一貫性とひとつの著作内における整合性の両方が、方法論への注目によってもたらされる。

近年、プラグマティズムに関する議論が本邦でも活況を呈している。[1] その範囲は、従来の真理や意味に関する議論に限られず、政治哲学や環境倫理学の場面でも広く論じられている。そのなかでは、プラグマティズムの創始者のひとりであるジェイムズの議論に触れているものも多い。また、ジェイムズの哲学に関しても、これまでに少なからず研究がなされてきた。

しかし、従来の研究では、心理学、真理論、純粋経験論、宗教論といったトピックが個別的に扱われることが多かった。その結果、それらがジェイムズ哲学全体のなかでどのような連関をなすのかという点が必ずしも明らかにされてこなかった。また、体系的にジェイムズ哲学を理解しようとするものもあったが、その際ジェイムズの思想全体を通底する統一的な方法論が注目されることはなかった。

その典型例は、『原理』の意識論と後年の純粋経験論とを対立するものと考え、ジェイムズが純粋経験を最終的には放棄したと見なす解釈である。(2) しかし、本書で示されるように、このような二者択一ではジェイムズ哲学の豊かさを十分に捉えることはできない。

別の解釈では、ジェイムズ哲学は、世界を個人の関心によって自由に作りかえられるものと捉える主体中心の立場と、そのような世界の支配者としての個人ではなく、高次の霊的実在に吸収されることを希求する神秘主義という二つの側面に分裂しており、両者を統合することはできないとされる。(3) しかし、ジェイムズ哲学の方法論に着目すれば、そのような分裂が存在しないと示すことが可能である。

また、ジェイムズ哲学の二つの側面が整合的に理解できるとする解釈もある。(4) これは本書の目指すところと近いものだが、二つのレベルを方法論的に正当化する議論が十分になされているとは言えない。

他方で、日本におけるジェイムズ研究に目を移してみよう。かつてある研究書において、「ジェイムズ研究は現代から時代を遡るほどその数が多い」(5) と指摘されたことがある。現在ではこの状況はかなり改善されている。二〇〇〇年代に入り、ジェイムズ哲学を論じた優れた研究書(6) が邦語で複数出版され、独自の視点からジェイムズの現代的意義を明らかにしようと試みているし、ジェイムズの宗教哲学やプラグマティズムを扱った論文が学会誌に掲載されることは珍しいことではなくなった。

本書はこうした流れに棹をさすと同時に、従来の研究では必ずしも明らかにされてこなかった方法論に着目することでジェイムズ哲学に新たな光を当てようとするものである。とりわけ第2章で論じられる純粋経験の二面性は、本邦ではほとんど扱われていないが、この論点はジェイムズの方法論と密接に関連するものであり、ジェイムズ解釈の核心をなす部分だと思われる。

こうして本書は、ジェイムズの思想的基盤の理解にいま一度立ち戻り、彼のプラグマティズムがどのような方法論と存在論によって成立しているかをあらためて吟味する。そのうえで、純粋経験の複層性を統一する契機がジェイムズ宇宙論の内部に見出しうることを明らかにし、それが同時に、彼の哲学全体を束ねる要でもあることを示せるならば、体系性に欠けた哲学者というジェイムズの一般的イメージを覆し、ひいては、現代のプラグマティズムの議論に対して、その源流に立ち返ることで統一性という新たな特徴を提示することになるだろう。

本書の構成は以下のとおりである。

第1章では、『心理学原理』における意識論と自己論との対立が検討される。ジェイムズは一方で意識の流れの単一性を強調するが、他方で意識経験の複数性を前提とし、経験同士があとから結びつくことで自己が成立するとも論じている。このような対立を解決するには、ジェイムズの方法論に注目する必要がある。

第2章では、ジェイムズ哲学の中心である純粋経験論を取りあげる。純粋経験に関する従来の錯綜した解釈状況を整理したうえで、第1章で明らかにされた方法論を純粋経験論に適用することで、その整合的な理解への道筋を示す。

第3章では、純粋経験論に対する批判とジェイムズの応答を検討する。その際、議論の中心となるのは、ブラッドリー『仮象と実在』における関係概念批判と、「ミラー‐ボードの反論」草稿におけるジェイムズの最終的解決である。この草稿の読解をとおして、関係概念を軸とした純粋経験論と『多元的宇宙』との連続性が明らかになる。

第4章では、以上のようなジェイムズ哲学の方法自体の正当性はいかにして確保されるのかを究明し、実在への多角的アプローチという方法の特徴をいっそう明らかにする。ジェイムズによれば、哲学者もこの世界の一部であり、実在との協同作業をおこなっている。同時に、ジェイムズは世界そのものを自己表現の主体と捉える。つまり、ジェイムズが哲学をおこなうことが、純粋経験としての実在の自己展開に含まれる。本章の考察を通じて、ジェイムズ哲学における存在論と方法論の相互補完的な関係が解明される。

第5章では、これまでの議論に基づき、このような哲学的構想そのものがジェイムズの宇宙論のなかでどのような位置を占めるのかを考察する。ジェイムズ哲学においては、合理性の感情、信じる意志、可塑的な宇宙という諸概念が有機的に連関し、統一体を形成していることが示される。

結論においては以上の議論をまとめ、複数の視点を用いた世界へのアプローチという方法によって展開されたジェイムズ哲学の全体像を提示する。さらに、ジェイムズ研究における今後の課題として、ジェイムズが生きた世紀転換期のアメリカ哲学というより広い文脈のなかで彼の哲学を捉えなおす必要があることを述べる。

本書において示されるジェイムズの宇宙論は、世界の実相を純粋経験として提示するものである。私たちが住まうこの世界はどのように流れ、どのようによどむのか。ジェイムズの議論をとおして、そのことを見極めてみたい。

目次

第1章　意識経験の統一性と複数性――『心理学原理』における意識論と自己論の調停

本章では『原理』におけるジェイムズの意識論および自己論を考察し、それらの整合的な理解のためにはジェイムズ哲学の方法論に着目することが必要であることを示す。

『原理』においてジェイムズは、意識経験に縁暈《えんうん》という特性を認め、それに基づく独自の意識論を展開した。その独創性はこれまでも指摘されてきた(1)。他方で『原理』の自己論も、これまで多くの研究者によって論じられ(2)、実体的自我を必要としない点や、意識経験そのものに自己を構成する作用を担わせる点が積極的に評価されてきた(3)。しかし、自己論における意識の捉え方と縁暈に基づく意識論とは『原理』のなかで両立できるものなのか。そこには相容れない対立があるのではないか。さらに、自己論のなかには従来の研究では見落とされてきた難点が含まれているのではないか。

このような問題意識に基づき、本章ではまず、『原理』第九章を中心に、私たちの意識経験が時空的広がりを備えた単一の流れであることを示す（第1節）。次に、『原理』第一〇章において提示されたジェイムズの自己論を概観し、その基本的な構造（暖かみを基準にした意識経験の選別）を明らかにしたうえで、そこに第九章とは相容れない立場、すなわち意識経験に複数性を認めるという考えが含まれることを指摘する（第2節）。つづいて、ジェイムズの自己論の中心概念である〈暖かみ〉概念を検討し、意識経験に内在的に理解された限りでは暖かみが同語反復に陥っており、基準として機能していないことを指摘する。さらに、この暖かみが、記憶という現象の特性に即して考察されても問題を含むものであることを述べる（第3節）。最後に、この「対立」と「困難」とがじつは見かけ上のものにすぎず、多様な仕方で意識経験にアプローチするというジェイムズ哲学の方法論に着目することによって、こうした問題が『原理』内部で整合的に理解されうることを示す（第4節）。

第1節　意識の流れの統一性――『原理』第九章を中心に

本節ではジェイムズの描く意識経験の特性を、[4] 縁暈（fringe）と意識の流れ（stream of consciousness）という概念を中心に概観する。

ジェイムズによれば、私たちの意識経験[5]は始まりと終わりを持たない。ある意識経験にほかの意識経験が入り込み、多くの意識経験が分かちがたく結びつく。それゆえジェイムズは、原子論的な従来の狭隘な意識観を批判する。[6] 従来の連合主義的な心理学は「最も単純な心的事実としての感覚から記述を始め、総合的に進むなかで、それぞれの感覚からいっそう高次の心的状態を構成していく」。しかし、私たちの経験に則する限り、「単純な感覚をそれ自体で経験した者などこれまでひとりもいない」（PP 219）。

ヒュームの「単純印象」やロックの「単純観念」は、ともに抽象の産物であって、経験のなかに実際に現われるものではない。経験は初めから、しっかり結びついた対象を私たちに与える。[7] この事物は、それを時間的、空間的に包む〔…〕世界のほかの部分と曖昧に連続している。（PP 461）

たとえば友人の話を聞くとき、私たちはその人の言葉や声の抑揚から次に来るものを予想し、その内容に対して身構える。ここには「ある印象がやってきそうだという方向の感覚」（PP 243）がある。実際に発せられた言葉が予想通りのものか意外なものかに応じて、私たちは「調和や不調和の紛れもない感じ」（PP 251）を覚える。反対に、自分が考えたり話したりするときも、私たちは「自分の思考がどこへ向かっているのかをつねに意識している」（PP 247）。このように私たちの具体的経験は、さまざまな内容が重なりあった「関係の色合い」（PP 238）からできている。これを見逃してしまう「表面的な内観」（PP 234）に対して、意識経験のあり方をより正確に観察し描き出すのがジェイムズの内観[8]であり意識論なのである。

さらに、意識経験の比較的はっきりした部分（上の例では友人や自分の声）が「中心部、核」（PP 265）と呼ばれるのに対して、不鮮明にそれを取り囲むもの（予想される話の内容や議論の方向）は「縁暈〔*fringe*〕」（PP 249）と呼ばれる。縁暈《えんうん》は不明瞭であるがゆえに単独で取り出されることがなく[9]、特定の名前も持たないが、経験されていないわけではない。縁暈自体はまぎれもなく感じられており、「名前がないことと存在することとは両立可能」（PP 243）だからである。このような不明瞭な意識経験を「冷淡にも抑圧」（PP 239）してきた従来の意識論に抗して、関係や縁暈という「曖昧なものを正当な地位に据えなおすこと」（PP 246）が、ジェイムズ意識論の動機であり特徴である[10]。

次に、縁暈が持つ時空間的な性格を見ていく。前述のように、私たちの意識経験は個別の観念の継起ではなく、「それを時間的、空間的に包む〔…〕世界のほかの部分と曖昧に連続」（PP 461, 強調は引用者による）しているものだった。ジェイムズの挙げる例を見てみよう。

> 静寂が雷鳴によって破られると、私たちはしばらくのあいだ、何が起こったのかすぐには説明できないほど呆然としてしまうだろう。しかし、このような混乱はまさしくひとつの心的状態であり、静寂から雷の音へと私たちを一直線に運び去る状態である。（PP 233）

その雷鳴の意識のなかにさえ、それ以前の静寂の意識が潜入し持続している。というのも、雷が鳴ったときに聞こえるのは、混ざりものない〔単独の〕雷鳴ではなく、〈静寂を破りそれと対比された雷鳴〉だからである。客観的には同じ雷鳴でも、このように突然来たときの感じは、さんざん鳴りつづいたあとの雷鳴の感じとはまったく異なる。〔…〕そして、過ぎ去ったもののかすかな感じがまったくないくらい現在に局限された感じというものを、人間の実際の具体的意識のなかに見出すことは困難である。(PP 234)

雷鳴が聞こえてくるとき、それは直前までの静寂という「過去方向の縁暈」(PP 578) とともに現われる。過去方向の縁暈は、私たちが「いま何をどのように感じるかを〔現在の経験と〕協同して決定するもの」(PP 229) である。さらに、現在の意識経験には未来も侵入している。先に引用した「ある印象がやってきそうだという方向の感覚」(PP 243) とはこのことを指している。いま聞こえている雷鳴は、もうすぐ鳴りやむ(あるいはこのあとも鳴りつづける)という予期を伴った雷鳴でもある。こうして、心の具体的な状態は「曖昧に消えていく過去方向と未来方向との縁暈」(PP 578) と一緒に経験される[11]。

さらに、雷鳴の例は、私たちの意識経験に空間性が備わることも示している。雷鳴は向こうから聞こえてくるのであり、空間性を備えた「外的実在が直接に現われたもの」(PP 652) である。くわえて、雷鳴が聞こえるとき、それは周囲の経験(部屋から見える雲の様子やそのとき点いていたテレビの音声など)とともに経験されている[12]。つまり、意識経験は「空間的な質」(PP 838) を持つものとして現われるということである。

縁暈のこうした性格を考えれば、意識経験は時間的にも空間的にも連続したものとして捉えられるだけでなく、それ以外のものともつながりあうことになる。ジェイムズは次のように言う。

あらゆる実在物は無数の側面ないし特性を持つ。空中に描かれる一本の線のような非常に単純な事実でさえ、その形状や長さ、方向、位置といった点から考えられうる。さらに複雑な事実に至ると、それを見る見方は文字どおり際限がない。朱は水銀化合物であるだけでなく、鮮やかな赤であり、重く、高価で、中国から来たものである等々、いくらでも挙げることができる。すべての対象はさまざまな特性が湧き出る泉であり、それら諸特性はほんの少しずつ私たちの知識へと発展する。それゆえ、ひとつの事物をすみずみまで知ることは全宇宙を知ることであるというのは真実である。間接的にであれ直接的にであれ、その事物はそれ以外のあらゆるものと関係しており、それに関するすべてを知るためには、そのすべての関係を知る必要がある。(PP 959)

ある意識経験はほかのもろもろの出来事を縁暈として伴う。その意味で、全宇宙がこの意識経験に潜在的に含まれていると言える(もちろん、私たちの能力は有限なので、この潜在的内容のすべてをくまなく顕在化することはできないが)。そして、このような縁暈は意識経験にあらかじめ織り込まれたものである。つまり、私たちの意識経験はすべて、その内部に多様な内容を含むひとつの統一体なのである。

関係のなかで考えられる〔=意識される〕ものはどんなものでも、初めから統一体〔*unity*〕というかたちで、いいかえれば主観性という単一の脈動〔*single pulse*〕〔…〕というかたちで考えられている。(PP 268, 原文は全体が斜字体だが、ここでは必要な部分にのみ傍点を付した。)

このような時空的厚みを持つ統一体は、ジェイムズが「意識の流れ」と呼ぶものにほかならない。

意識は、細切れになった断片としてそれ自身に対して現われることはない。意識が最初の段階において現われるさまを描写するには「鎖」とか「連結」という言葉ではしっくりこない。意識は鎖でつながれているのではない。流れているのである。それを記述する最も自然な比喩は「川」や「流れ」である。今後意識のことを語る際には、思考もしくは意識の流れ、あるいは主観的生の流れと呼ぶことにしよう。(PP 233)

鎖は多数の環をつなぎあわせてつくられる。それぞれの環を切り離し、ひとつひとつ「この環」と指示できる。その意味で、鎖を構成する環は明確な輪郭を持つ。それに対して、『原理』の意識経験にそうした明瞭な境界線を引くことはできない。というのも、意識経験はさまざまな現象が絡みあい浸透しあい、一個の全体を形作っているからである。ある文を言おうとして最初の単語を口にするとき、その語はすでにひとつの文という「全体の観念で満たされている」（PP 271）。いいかえれば、「漠然とした諸関係からなる独特な包暈《ほううん》〔halo〕〔＝縁暈〕に浸された文全体」（PP 266）が最初からそこに含まれているのである。

こうして、ジェイムズの描く意識経験は、過去から未来へとゆるやかにつながり、明確な境界線を引くことのできない連続的な存在である[13]。現在の意識経験とは、「じつは思考内容全体、あるいはその陳述全体であって、それ以上でも以下でもない」（PP 265）[14]。こうして、「切れ目のないひとつの流れ」（PP 271, 強調は引用者による）[15]が私たちの本来的な経験であることを示すのが、『原理』の意識論なのである。

第2節　自己論における経験の複数性と『原理』に含まれる対立——『原理』第一〇章を中心に

ところが、『原理』第九章に続く第一〇章「自己の意識」においては、以上の意識論と食い違うように見える論述がなされている。その記述とは、複数の意識経験が継起し、そのまとまりがひとつの自己を形成するというものである。本節では、自己に関するジェイムズの議論を概観し、それが前節の意識論と緊張関係にあることを示す。

まず、ジェイムズの自己論の基本構図[16]は、ある主体的経験が、いま立ち現われているもろもろの意識経験のなかから「暖かみ」の有無を基準として自分に帰属するものを選び取るというものである。この構図には四つの特徴が認められる。第一点は、ジェイムズが実体的自我（経験から独立し、それ自体で同一性を保持する存在者）による説明を拒否している点である[17]。第二に、実体的自我に代えて、そのつどの現在の意識経験自身がもろもろの意識経験を〈同じ自己〉に属するものとして選別する役割を担うという点が挙げられる[18]。第三の特徴は、この現在の意識経験が自分に帰属するものを選び取る際、感じられる暖かみが選択の基準として用いられることである。最後に、単一であるとされた意識の流れが、自己論においては、現在の意識経験と選別対象になる意識経験とに複数化されていることが認められる。

これらの点について、より詳細に見ていこう。

はじめに、ジェイムズが自己（self）を主我（I＝経験する主体としての自己）と客我（me＝経験される対象としての自己）とに分けていることに注目しよう（PP 279, 350）。ジェイムズによれば、前者は従来の哲学において、もろもろの意識経験を統一する、それ自体で自己同一性を備えた主体として扱われてきた。けれども、このように実体的なものとして考えられた主我は意識経験のなかに見出されるものではない。そのため、それについての経験的探究は不可能である。そうであれば、意識経験が存在するからといって、その背後に、意識する主体なるものを想定する必要はないのではないか[19]。ジェイムズは『原理』においてこのように考え、主我の実体性を拒否し、そのような説を主張するほかの哲学者たちを批判する（PP 306, 311, 325-32）。それが霊魂と呼ばれようと超越論的主観性と呼ばれようと、実体としての主我は現実に経験されるもののなかには含まれず、また経験を説明する原理としても不要とされる（PP 326, 341-52）[20]。こうして、ジェイムズの探究においては、経験される自己（客我）がその主たる対象となる[21]。

> できるだけ広義に解すれば、〔…〕ある人の自己とは、その人が〈自分のもの〉と呼ぶことのできるすべてのものの総和である。身体や心的能力に留まらず、衣服も家も、妻子、祖先、友人も、名声や仕事も、土地や馬、ヨット、銀行預金も、すべてそうである。これらのものはすべて彼に同じ感情を与える。もしこれらのものが増大し繁栄すればその人は勝ち誇った気持ちになり、衰えたり消滅したりすれば意気消沈する。（PP 279-80; cf. PP 304）

このように、自己とは身体を含む周囲世界の諸事物の集まりにほかならない。自己は「単に経験的自己の全体」であり、「客観的事実〔＝現在の意識に現われているものたち〕の集合」（PP 306）なのである[22]。この集合をとりまとめる「魂」や「主観」のようなものは意識の流れのなかに登場しないし、またその必要もない。あくまでさまざまな事物についての意識経験が、ひとつの自己の集合に客我として含まれるにすぎない。

では、統一する実体がないとすると、上記の諸対象はいかなる仕方で〈私のもの〉となるのだろうか。意識経験がいわば散乱することなく、その人の意識としてまとめあげられるのは何によってなのか。ジェイムズによれば、それは、経験に備わる「暖かみ〔warmth〕」と「親しみ〔intimacy〕」[23]、すなわち一人称的に「確かめることができ、感じられる統一」（PP 332）によってである。

自分の自己に属する思考には暖かみと親しみがあり、自分の自己に属さない思考にはそれがまったく欠けている。自分の自己に属さない思考は、単に冷たくよそよそしい仕方で考えられるにすぎない〔…〕。（PP 314）

思考がその現在の自己についていかなる考えを抱くとしても、その自己は暖かみと親しみを伴って知られる、いいかえれば生き生きと感じられるのである。（PP 316）[24]

具体例で考えてみよう。生徒たちに返却されるノートが教卓の前に並べてある。ひとりの生徒が自分のノートを受け取りに来る。彼は一冊のノートに目を向ける。彼はそれに見覚えがある。それに愛着（暖かみ）を感じる。しかしほかのノートにはとくにこれといった感情を抱かない（よそよそしさ）。ジェイムズに従えば、生徒はこのような感じの相違によって特定のノートをほかから区別し自分のものだと認識する。もしそのノートに暖かみがなければ、たとえそこに自分の名前が書いてあっても彼はそれを自分のノートだと思わないだろう。[25]

これと同様のことがあらゆる意識経験に対しても生じるとジェイムズは言う。まず、『原理』第一〇章においてはじめに措定されるのは、私の意識になる以前の"*Sciousness*"の流れと呼ばれるものである（PP 290）。sciousnessとは、個々の主体的意識経験（主我）が発生する以前の中立的な意識の流れのことである。ジェイムズの自己論においては、これが原初の段階としてまず存在するとされる。[26] 次に、この流れのなかに主我となる部分、つまりsciousnessの流れをみずからのものとして受け取る部分が生じる。[27] それは、sciousnessの流れのなかに、見るもの／見られるものという諸部分の複数化が生じるということである。[28] この〈見る部分〉が、流れのほかの部分を対象として一括し、私のものとして経験する。いいかえれば、主我としての意識経験がほかの意識経験を一緒にとりまとめることで“*con*-sciousness”が成立するのである（PP 290-91）。

そして、sciousness[29] の流れのなかの主我となる部分が流れのほかの部分を取りまとめ、ひとつの自己（客我の集合体）を形成する際に、その拠り所となるものが、「同一であるという感覚」（PP 315）、すなわち「暖かみ」である。このようにして取り集められたもののなかには、身体についての意識も含まれている。これは非常に強い暖かみを持ち、「人格の同一性における真の核心」（PP 323）、いいかえれば、ひとつの自己という集合体を構成する意識内容の中心部になる。それ以外の意識経験（知覚的経験、記憶など）も、このような暖かみを基準ないし「標識〔mark〕」にして〈私のもの〉とされ、この身体経験に「同化〔assimilate〕」され取り込まれていく（PP 317）[30]。この働きが「私有化作用〔*act of appropriation*〕」（PP 323）である。[31]

このように特定の意識経験（E_1としよう）が意識の流れのなかで私有化されるには、主我となる別の意識経験E_2とE_1とが暖かみを介して結びつけられることが不可欠である。換言すれば、現に感じられている思考（E_2）によって暖かく感じられ、私有化されることをとおしてのみ、E_1は〈私のもの〉になる。この現在の思考のほかに、それ自体で同一性を維持する実体――これが従来の主我である――など不要である。むしろジェイムズの議論においては、意識経験そのもの――より正確に言えば、sciousness の流れにおける主我として働く部分――が私有化の担い手となる。[32] 時間とともに変化していく経験の流れのなかで、ある部分がとりまとめ役（主我）となり、それ以外の部分を暖かみの有無によって自分に属するもの（客我）とそうでないものとに序列化する（PP 315-16, 350, 378-79）[33]。sciousness の流れにおいてこのような働きをおこなう部分こそ、「唯一の〔経験的に〕確かめることのできる思考主体」（PP 328）であり、これが『原理』における主我の新たな規定なのである。

くわえて、過去についての意識もこのような文脈において語られる。すなわち、過去の出来事に関するさまざまな思考のなかから、暖かみを持つものが選び出され私有化される。反対に、この暖かみがもはや感じられないのであれば、「人格が同一であるという感覚もまた消える」（PP 318）ことになる。つまり、過去の経験についても、暖かみが「主要な絆」（PP 318）なのである。[34] この点についてジェイムズの挙げる例を見てみよう。

ポールと同じベッドのなかで目を覚ましたピーターは、眠りにつく前に二人の心に浮かんでいた事柄を思い出し、「暖かい」観念を自分のものとして再確認し私有化する。くわえてピーターは、冷たく青白く思える観念をポールに帰属させ、そのような観念と自分の暖かい観念とを混同することは決してないだろう。同様に、ピーターはポールの身体と自分の身体とを混同することもないだろう。なぜなら、ピーターにとってポールの身体はただ自分に見えているだけだが、自分の身体は見えると同時に感じられもするからである。（PP 317; cf. PP 232）

ここから読み取れるように、過去の意識経験についても、それが自分のものであるかを決めるのは暖かみの有無である。

この点をさらに明らかにするために、ジェイムズは、放牧されていた牛の群れのなかから牧者が自分の牛を選別するという比喩も用いている（PP 317）。牧者が群れのなかで、一頭ずつ焼印の有無を調べて自分の牛かどうかを確認してまわるのと同じように、主我も、暖かみという目印のついた過去の出来事を探し出し、それに基づいて自己の同一性に関する判断をおこない（PP 320）、その出来事を自分の客我のなかに取り入れるのである。

もちろん、この「牧者」は牛の群れから独立して自存する実体ではない。私有化の過程において牧者（主我）の役割を果たすのは、sciousness の流れから発生した意識経験自身、つまりそのつどの「〔意識経験のほかの部分を〕現に傍観しつつあり、想起しつつあり、「判断しつつある思考」」（PP 321）である。この主我としての意識経験が、暖かみを基準にして「その思考が見渡している過去の事実のあるものを「所有」し、残りのものを捨て去る」（PP 321）。そして、ある時点の「判断しつつある思考」すなわち主我は、意識経験の推移のなかで「消滅し、ほかの思考がこれに取って代わる」(PP 322)。すると今度は、この新たな思考がまとめ役を引き継ぎ、「自分の先行者を識別し、すでに述べたような仕方でそれに「暖かみ」を覚え、迎え入れる」(PP 322)。つまり、牧者(主我)の役割が不断に更新され、そのつどの牧者も次の瞬間には新たな牧者によって選り分けられる対象となる。[35] こうして、現在という意識経験の先端に位置する部分は、その時点での「過去の流れ全体の代表者」ないし「最終的な容器」(PP 322)である。[36]

したがって、ジェイムズの自己論においては、意識経験それ自身が思考内容としての自己(客我)と思考主体としての自己(主我)という二役を演じる(PP 350)。[37] 主我は、従来の哲学によって与えられた実体的な性格を除去され、直接に経験される意識の一側面というかたちで意識の流れのなかに位置を占めることになる。[38]

こうして、主我は意識の流れの内部にある諸経験を見比べ、暖かみの有無によって選別しまとめあげる。しかも、その選別の際に意識経験が複数化され、継起することになる。これが彼の自己論の第四の特徴であり、本章の問い(自己論と意識論は『原理』のなかで対立しているのではないか)との関わりにおいて最も重要なものである。そして、ジェイムズが選別ないし私有化について、複数の経験が継起し、私有化という作用でつながりあうと考えていることは、「何代もの牧者たちが最初の権利を遺産として相次いで譲渡され、同じ家畜をたちまちのうちに所有するようになる」(PP 321. 強調は引用者による)[39] という箇所や、「相次いで継起する過ぎゆく思考たちが互いの所有物を引き継ぐ」(PP 379. 強調は引用者による)[40] という箇所からも明らかである。

ところが、複数の経験が継起するという考えは、本章第1節で示された意識論と相容れないように思われる。というのも、『原理』第九章における意識経験は、「傍から見ている心理学者にとってどのようなものであろうとも、それ自身では途切れていない」(PP 231)と述べられているからである。意識経験がそれ自体として経験される限り、そこにあるのはひとつの流れであり、すべては不可分な仕方ではじめから結合している。しかし、自己論において述べられた私有化には、意識経験の複数性が不可欠である。[41] いいかえれば、sciousness の流れのうちに、私有化する部分と私有化される部分がなければならないし、さらには、私有化する部分そのものも複数あり、時間とともに継起しなければならない。それゆえ、意識の流れという考えに従えば、本節で概観された私有化および自己論は成り立たないのではないか。こうして、意識の流れと自己論とのあいだには、意識経験の流れの単一性と、私有化における意識経験の複数性という明らかな対立があり、このままでは両者は齟齬をきたしているように思われる。(42)

第3節　自己論の批判的検討

さらに、自己論そのものにも二つの困難が見出されるように思われる。本節ではこれらの困難について考察する。

第1項　第一の批判　暖かみの定義としての必然性

まず、「自分の自己に属する思考には暖かみと親しみがある」(PP 314) とジェイムズが述べるとき、これが単なる定義にすぎないように思われるという点を指摘したい。先に挙げたピーターとポールの例をもう一度見てみよう。朝、目を覚ましたピーターが自分の観念とポールの観念とを混同することはないとジェイムズは言う。暖かみという目印に従えば、自分の経験と他人のそれとを「少しも迷うことなく」(PP 232) 仕分けられるというわけである。

だが、ジェイムズの議論ははじめから「混同」や「迷い」が生じない構造になっているのではないか。まず、ある意識経験に暖かみがすでに感じられている場合を考えてみよう。この場合、(一) 本当はポールの観念なのにピーターが誤ってそれに暖かみを感じてしまう (混同) とか、(二) 暖かみがあるのにそれが誰の観念か分からない (迷い) といったことは、『原理』における自己論の構造上ありえない。「本当は」とか「誤って」と言うことが可能であるためには、どの意識経験をピーターに割り当てればよいかが暖かみとは別のところで決められており、それに基づいて彼が暖かみを正しく感じたかを判定できなければならないはずである。しかるに、ジェイムズの自己論に、暖かみから独立して自己同一性を保証してくれるもの (たとえば実体的自我) などなく、ある意識経験を暖かく感じるという事実だけが、その経験を現在の自己に帰属させるのだった。そうであれば、（一）の「混同」など起こりようがない。同様に（二）の「迷い」も生じない。どれほど奇妙な現象であっても、そこに暖かみが感じられているならば、ほかに基準がない以上それは私のものになってしまうからである。

　他方、ある意識経験に暖かみがあるのかよく分からない――（二）とは異なる迷い――という場合もあるように思われるかもしれない。しかし「よく分からない」とはいえ、少しでも暖かみが感じられるのであれば、やはり（二）と同じことになる。すなわち、暖かみがある以上、その意識経験は私のものであらざるをえない。反対に、暖かみがまったくないのであれば、私有化はそもそも生じない。いずれにせよ、このような「迷い」は生じないのである。

　そうすると、暖かみとは、ありもしない「混同」や「迷い」を防ぐ目印ではなく、かえって、ある経験が同じ自己に属するということの定義にすぎないのではないか。いいかえれば、暖かみは、同一の自己なるものが前もって担保されたうえで、その自己に一致する観念を正しく見つけるための目印のようなものではなく、むしろ、暖かく感じられるものを同じ自己に属するものと見なすという単なる取り決めなのではないか。

　この点について考えるために、暖かみを導入する際のジェイムズの発言を再検討しよう。そこでは、「自分の自己に属する思考には暖かみと親しみがある」（PP 314）とか、「その自己は暖かみと親しみを伴って知られる」（PP 316）と述べられていた。しかし、いま暖かく感じられる思考の集合以外に「自分の自己」などない。そうであれば、「自分の自己」がまずあり、それに属する思考に「暖かみがある」と言うことはもはやできない。なぜなら、「自分の自己」とは、現在の思考（主我）がそこに暖かみを見出すところの経験内容（客我）にほかならないからである。つまり、ある経験に暖かみが伴っているということが、すなわち同じ自己に属するということなのである。

　このように、ジェイムズの自己論には、同じ自己の所有物だから暖かみがあるのではなく、暖かみのあるものがすなわち同じ自己に属するということの意味である、という転回が含まれている[43]。この転回を経たあとでは、暖かみがあることとそれが同じ客我の集合体に帰属することとは、そのときどきの意識内容においてたまさか一致するようなものではなく、むしろ定義上切り離せないものなのである。

それゆえ、本当はポールの過去であるはずの観念にピーターが誤って暖かみを感じてしまうという事態は、ジェイムズの自己論の図式に依拠する限り不可能である。なるほどジェイムズは、ピーターがあたかも自分の自己に一致するものを正しく選び出したかのように語る。けれども、彼の自己論における「正しさ」は、暖かみを離れては機能しない。ある意識経験を暖かく感じたということは、「正しい識別」がなされたということなのである。なぜなら、自己に属するものを暖かみのある経験と定義した以上、暖かみのある経験が私のものであるのは当然のことだからである。

だが、以上の議論で終わるのであればジェイムズの基本路線は維持できるだろう。たとえ暖かみの有無が単なる定義の問題となり、「自分の自己に属する思考には暖かみと親しみがある」という発言や、「混同」という言葉遣いが不用意なものだったとしても、私の経験とそうでない経験とが暖かみによって選別されるという基本構造は揺らがないからである。そこで次に、放牧された牛の比喩を再検討し、ジェイムズの議論に別の困難が含まれていないかを調べてみよう。

第2項　第二の批判　暖かみと記憶の成立条件

放牧の比喩においては、ほかの所有者の牛も混在している群れのなかから、牧者が自分の牛を正しく探し出すとされる。ここでの「牛」とは想起された過去の出来事であった。しかし、過去の経験に関して、まず所有者が異なるさまざまな記憶を思い出し、そのあとで自分のものを選り分けることなどあるだろうか。それはありえないのではないか。

ジェイムズによれば、記憶[44]とは、「かつての心のある状態がすでに一度意識から脱落してしまったあとで、その状態に関する知識を持つこと」であり、「私たちが以前にそれを考えた、もしくは経験したという付加的な意識を伴った〔…〕ある出来事ないし事実についての知識」（PP 610）である。これに加えてジェイムズは以下のようにも述べる。

> 記憶には、ある事実の日付を過去のなかに単に記入する以上のことが必要である。その事実は私の過去のなかに日付を持っていなければならない。すなわち、私がその事実の生起を直接経験した、と私によって考えられているのでなければならない。そこには、思考する者によって自分自身のものとして「私有化」された経験すべてを特徴づける〔…〕「暖かみと親しみ」が備わっていなければならない。（PP 612）

これはどういうことだろうか。具体例を用いて考えてみよう。たとえば、昨日の夕食の風景を想起してみる。思い出されたもの（テーブル、箸、盛りつけられた料理等々）には「私がそれを以前に経験したという付加的な意識」、すなわち思い出されたものを私の経験たらしめる暖かみが備わっている。そうすると、想起されたものは必然的に私の記憶である。なぜなら、ジェイムズがここで述べているように、記憶には暖かみと私の過去のなかに日付を持っていることが必要だとされる以上、記憶は最初から私の記憶でなければならないからである。それゆえ、私が放牧地で見出す牛は、それが記憶である限りすべて私のものなのである[45]。

ところで、この暖かみとはいかなるものなのか。想起された現象のなかに私が感じ取るものなのか。そうではない。かりに記憶における暖かみがそうした内容上のものであるならば、ピーターが昨日の自分の体験（退屈な会議に出席した）とポールから聞いた話（意中の人と食事に行った）とを比較し、他人であるポールの経験のほうに高揚感――暖かみ――を覚え、それを自分のものにする（つまり私有化する）ということもあるはずである[46]。しかし実際にはそのようなことは生じない。ピーターはポールの話を他人の思い出として聞くだけである。それゆえ、ここで問題となっている暖かみとは、経験の内容に関わるものではない。むしろ暖かみは、記憶という事態を成立させる条件なのではないか。

このことを、想起という経験に備わる基本構造と関連させて考えてみよう。一般に、ある出来事の想起とは、その出来事を私が過去において実際に経験したものとして現在想起することにほかならない。これをジェイムズの言葉で表せば、ある出来事や体験を想起するとき、「その自己がそこにいたという感じ、その出来事が実際に起こったという信念」(PP 616)もともに経験されるということである。思い出された出来事が実際に自分の見聞きしたものであって勝手な想像ではないということは、この経験において明白に見て取られている。それどころか、「思い出す」という体験自体が、想像と想起の区別を前提にして成り立っている。なぜなら、想起とは、ある事柄を含んだパースペクティヴが私という原点から実際に開かれていたという現時点での了解のもとでその事柄を経験することだからであり、そうでなければその経験を「想起」と呼ぶことはできないからである。

かりにこの記憶が誤っていた――たとえば、実際に起こった出来事についてのものではないとか、その出来事が起こった場所に私が居合わせたことはない、など――という事実が何らかの仕方で明らかになるとしても、その想起の現場においては、私が実際に起こったことを現在思い出しているという了解はまぎれもなく存在している。反対に、この了解がなければ、内容がどれほど暖かみのあるものであっても、それは記憶にはならない。先に挙げたポールの自慢話を聞くピーターの例はこのことを示している。だから、この了解は、想起されたさまざまな事柄のうちのひとつではなく、その記憶を想像から区別し、いわば記憶らしく成立させるために必要なものである(47)。したがって、記憶における暖かみということでジェイムズが意味しなければならなかったのは、思い出された内容に関するものではなく、記憶が記憶であるために不可欠な条件のほうだったのである(48)。

そうであれば、あることを思い出した時点で、暖かみという内容を伴う記憶経験を探すまでもなく、どれが私の経験であるのかは決着がついていることになる。むしろ、私のものとして思い出されるものしか記憶の名に値しないのである。このことをピーターとポールの例で表せば、ピーターが昨日の出来事を思い出すのは上記の了解のもとでのみであって、自分のしたこととポールのそれを並べ、暖かみの有無を確認するなどということは不要であり、また不可能だということである。

なるほど、私の経験は独自な内容を持っているかもしれない。「胸の高鳴り、息詰まり、あるいはそのほかの変調といったものがたとえわずかであっても身体全体の状態に起こり、ある程度の有機的感情を必ずもたらす」(PP 316) かもしれない。けれども、そのような意識内容のおかげでこの思考が私のものになるわけではない。内容が何であれ、それが現われたときにはもう私有化されていなければならない。ここで、暖かみの有無という内容上の差異は、ジェイムズの主張する選別ないし分類という機能を果たしていない。内容に暖かみがあろうとなかろうと、それは元から私に対してのものだからである。

こうしてジェイムズの議論においては、いかなる意識内容も、それが感じられる限り私のものであり、暖かみを伴っていることになる。暖かみとは、「感じられるものは何であれ私のものであり、そのことを〈暖かみを持つ〉と呼ぶことにする」という定義から帰結するものである。つまり、全意識経験は定義上暖かみを持っていなければならないのである。もちろん、意識の流れの中身としては、力強く迫ってくる「暖かい」経験と、何らの感動も興奮も引き起こさない「冷たい」青ざめた経験という区別も可能だろう。しかし、この「暖かみ」は、定義によって私のものと結びつけられた暖かみとはいわばレベルが異なるのである。いいかえれば、ここには、ジェイムズの議論において必然的に成立している〈私のもの＝暖かみ〉という構造と、そこに含まれる内容との差異がある。このような水準の違いを看過し、あたかも経験内容としての暖かみのおかげで私有化が生じるかのように考えてしまうと、すでに成立済みの構図に余計なものを加えることになる。

このように考えると、本章第2節で示されたジェイムズの自己論の基本構図――暖かみの有無を基準とした選別――は機能しないように思われる。第一に、自己を〈暖かみのある経験の集合〉と定義した以上、暖かみ――それが内容上のものであるとしても――のある経験が自己に属するのは当然のことだからであり、第二に、経験内容における暖かみの有無にかかわらず、私のものであるという了解が成立しているのでなければ、特定の経験が現われるということがそもそも不可能――少なくとも記憶現象においては――だからである。

第４節　対立と批判の解消――意識経験を捉える二つの視点

それでは、以上の対立と問題点をどのように理解すべきだろうか。これらは『原理』に含まれるもろもろの内的不一致[49]の一例と見なされるべきだろうか。そして、この対立の解決は『原理』以降の著作に求められるべきだろうか[50]。そうではない。上記の対立と困難を回避するには、ジェイムズが特定の主我に内在した視点に立っているだけでなく、複数の意識経験を俯瞰する視点にも立っていることを理解しなければならない。いいかえれば、ジェイムズは『原理』において、意識経験を内側から記述する視点と、意識経験の外部からその構造を分析する視点とを使い分けながら経験を記述していると考えるべきである。

この点を理解するためにまず注目しなければならないのは、『原理』における論述の順序である。第九章の冒頭でジェイムズは、意識のあり方を「内側から探究すること」（PP 219）がこの章の主題だと述べる。ただしジェイムズは、この章では意識に関する用語が「大まかな意味で」使われており、「のちの章ではじめて十全な定義を与えられうる」（PP 220）と断ってもいる。つまり、第九章で述べられる意識論は、それ以降の章との関連で理解されなければならず、その意味で暫定的、「予備的な〔preliminary〕」（PP 220）ものなのである。

次に、『原理』第一〇章で自己の同一性が論じられる際の発言にも注意すべきである。はじめにジェイムズは、「前章〔＝第九章〕で可能な限り徹底的に述べたように、〔…〕思考は漠然と飛び回ってはおらず、いずれもあるひとりの思考者に属しており、ほかの人には属していないように思われる」（PP 314; cf. PP 221）と述べたうえで、「私たちは、一片の思考がいかにしてほかの思考の断片をみずからと同じ自己に属すると判断できるようになるかを説明できる」（PP 314, 強調は引用者による）と述べている。つまり、『原理』第九章においては、すべての意識経験が私有化され、誰かのものになっているとされるが、それはあくまで意識の流れに内在的な視点に立つからこそ言えることである。そうした視点とは別の、私有化済みの意識の流れがどのように成立するかを説明する、いわば外在的な視点に立てば、まず sciousness の流れが私有化以前にあり、そこから主我が発生し残りを私有化するという過程を辿ることができる。これがこの引用で述べられている「説明」である。そして、この「説明」は、意識の流れをさまざまに分割し比較するという「抽象的な研究法」（PP 284）によっておこなわれる。[51] したがって、『原理』第九章と第一〇章において、ジェイムズは二つの異なる視点から意識経験を捉えていることになる。すなわち、前者では意識の流れに即した内在的な考察がなされており、後者では意識の連続性の成立過程を述べる外在的な考察がなされているのである。[52]

くわえて、具体的経験から距離を取って説明する「抽象的な研究法」は、注意と関心による切り取りという意識経験一般の特徴[53]を、ジェイムズという主体的意識経験（主我）が体現したものでもある。本章第1節で述べられたように、私たちの意識経験は連続的な流れである。これを描くのが『原理』第九章だった。この「切れ目のない充実した連続体」（PP 274）にジェイムズという意識経験が「選択的強調」（PP 273）の楔を打ち込むことで、「原初の渾沌」（PP 277）が切り分けられ、意識の流れに中心と周縁という区別が作り出される。このことを考察したのが第一〇章における自己論であり、そこでの議論は、意識の流れを記述するジェイムズという主我による選択的強調作用の結果なのである。したがって、意識論と自己論との関係は、前者において述べられた注意による選択という一般的特徴が、後者において具体的に現われたものだと見なすことができる。

このように考えれば、本章第2節で指摘された対立がじつは見かけ上のものだったことが分かる。むしろ意識論と自己論は相互に補いあう関係にある。つまり、従来の原子論的意識観を批判するために、ジェイムズは意識経験に密着し、その実相を意識の流れの連続性として描写する。他方で、自己の同一性の成立過程を説明するために、意識の流れを抽象によって分節化し、流れの諸部分の関係を解明する。こうしてジェイムズは、異なる視点から私たちの意識経験を語ることで、その実態をより精緻に描こうとしているのである。よって、『原理』の意識論と自己論は両立することになる。

さらに、本章第3節で取り上げられた二つの困難も、ジェイムズが複数の視点から考察をおこなっていると考えることによって解消される。まず、第一の批判――暖かみは自己の同一性を定義しているだけであって経験内容を選別する基準にならない――に関しては、この批判が意識の流れに内在した視点からなされたものだという点が重要である。たしかに、そのつどの私有化の主体（主我）の視点に立てば、「自分の自己に属する思考には暖かみと親しみがある」（PP 314）という発言は単に定義を与えているにすぎない。この視点から見れば、自己を同定する基準が暖かみのほかにないからである。しかし、私有化以前の sciousness の流れを俯瞰する外在的な視点に立てば、自己の成立を、sciousness から生じた主我が暖かみに基づいてほかの部分を私有化するという事態として、対象的に捉えることが可能となる。つまり、個別の自己がいかにして成立するかという問題を、単なる定義を与えることによってではなく、主我による客我の私有化という構造を持つものとして説明できるようになる。さらにこの視点に立てば、sciousness の一部分である意識経験と主我との結びつきをほかの部分との結合関係と比較することも可能となり、結合の度合いの差が把握できるようになる。

次に、第二の批判――記憶においては自己の同一性が先取されており、経験内容としての暖かみを基準にする必要はない――も、同様の仕方で避けることができる。なるほど、想起がおこなわれる現場に身を置けば、そこに現われるものはすべて私のものである。しかし、私有化以前の sciousness の流れにおいて、想起主体（主我）が想起内容（客我）を取り込む過程を俯瞰する視点に立つことで、想起という事態の成り立ちを外部から説明できるのである。(54)

以上のように、『原理』においては（第1章註8の第二の意味における）内観を基軸として内在的に意識を語り出す視点と、外在的に意識経験を俯瞰する視点とが使い分けられている。その結果、ある経験が私のものであるという関係は、内在的に捉えられると最初から成り立っているものであるが、外側から眺められることで、暖かみによる結合関係として説明される。前節まで論じられた困難は、こうした複数の視点を取るというジェイムズ哲学の方法を考慮することで解消されるのである。

第2章　純粋経験の多様な見方──統一的理解の試み

前章における『原理』の議論の検討をとおして、ジェイムズの考察方法が明らかになった。本章においては、この方法を彼の存在論の主要な概念である「純粋経験」に適用し、その内実を明らかにするとともに、この概念の整合的な理解への道筋を見出す。

ジェイムズは一九〇四年から翌年にかけて、自身の哲学を体系的に構築するために専門的な論文を数多く著した。これらの論文は彼の死後、高弟R・B・ペリー（一八七六─一九五七）の編集によって『徹底した経験論論集』（*Essays in Radical Empiricism*, 1912）(1)として出版された。(2)このなかでジェイムズは、純粋経験という概念を用いて世界の構造および私たちの経験を記述する。この概念によって彼が目指したのは、「はじめは渾沌としていた多くの純粋経験が、秩序立った内的世界と外的世界とに徐々に分化していく様子の進化論的構成」（ERE 18: 41）を明らかにすること、つまり、純粋経験の進化論とも言うべき理論を構築することであった。このような構想のもとジェイムズは、以下で示されるように、純粋経験を存在論と認識論という異なる視点から眺め、その存在論的性格と、認識主体がそこから発生する過程、さらにその主体の認識内容について論じている。

本章では、はじめに問題の所在を簡潔に提示したうえで、これまでの研究における解釈を三つの型に分けて概観し、それらと本書との差異について言及する（第1節）。そのうえで、前章で述べられたジェイムズの方法論を純粋経験論に適用する。すなわち、存在論と認識論という二つの視点に即して純粋経験論を検討し、存在論的な純粋経験から認識論的な純粋経験への発展過程を明らかにする（第2-4節）。

以上の行程によって、純粋経験の整合的解釈を提示するとともに、ジェイムズが構想した純粋経験の進化論――素材としての純粋経験から個別の認識主体が発生する過程に関する理論――の概要を描く。その際、『徹底した経験論論集』の議論を補完する叙述を多く含むジェイムズの講義草稿および手稿を適宜参照する。(3)

第1節　純粋経験に関する諸解釈の分類と本書の立場

はじめに確認すべき点は、この概念に関するジェイムズの記述のうちに、相反するように見える二種類の描写が混在しているという事実である。ジェイムズは一方で、純粋経験を世界の存在論的な基盤、「すべてのものがそこから構成される素材」（ERE 4: 17）と見なす。この意味における純粋経験は、認識主観と認識対象、心的と物的といった区別が生じる以前の中立的な存在であるとされる。他方で、「ただ生まれたばかりの赤ん坊、あるいは睡眠や麻酔薬、病気、打撲のために半ば昏睡状態にある人だけが、〔…〕純粋経験を持っていると見なせるかもしれない」（ERE 46: 84）とも述べられる。ここでは、渾沌とした感覚経験のようなものが純粋経験だとされている。

こうしたジェイムズ自身の記述の曖昧さによって、純粋経験に関する従来の解釈は錯綜している。(4)それらのうちの代表的な解釈は、三つのタイプに分けることができるだろう。第一に、上述の存在論的な側面を重視する解釈がある。(5)これに対して、純粋経験が「感じや感覚の別名」（ERE 46: 84）にほかならないというジェイムズの記述に注目し、純粋経験を感覚的な経験に引きつけて理解するものもある。(6)最後に、純粋経験はこれら二つの側面を含み込む二義的なものだとする解釈がある。(7)

これに対して本書では、ひとつの側面を過度に重視するのではなく、第一と第二の解釈における各々の強調点を統合する。すなわち、一方（中立的な素材という存在論的基盤）の発展および分化から、他方（主体に与えられる感覚）を捉える主体が一時的に成立し、そのようにして発生した主体から、今度は素材としての純粋経験が捉え返されるという関係にあると論じる。こうすることによって、第三の解釈における純粋経験の二義性を踏襲しつつ、従来の研究では十分に明らかにされてこなかった二側面同士の相互補完的な関係が示され、両者の関係がより明瞭かつ強固なものとなる。

ところで、純粋経験の二側面に対するこうした統一的な理解――存在論から認識論へと発展していくものとして純粋経験を捉えること――を可能にするものが、前章で明らかになったジェイムズ哲学の方法である。(8)以下で論じられるように、ジェイムズは純粋経験を存在論および認識論の両面から考察することをとおしてみずからの哲学を展開している。このような考察法によって、二義性を持つ純粋経験を整合的に理解することが可能となる。しかし、複数の視点を用いるという方法自体も、純粋経験に基づいた存在論から独立したものではない。なぜなら、考察のために用いられる複数の視点自体が、素材としての純粋経験から生まれた主体に属しているからである。こうして、ジェイムズ哲学の方法が彼の存在論のうちに取り込まれ、後者は前者にとって不可欠な論点となる。このように、純粋経験の統一的理解に基づく存在論と方法論とは、互いに基礎づけあう関係にあることになる。(9)

したがって、純粋経験の二義性はジェイムズの動揺(10)を意味するものではない。また、ジェイムズが『徹底した経験論論集』以降の著作で二義性のうちの一方を捨てたという解釈(11)を採用する必要もない。なぜなら、純粋経験の存在論的な側面と認識論的なそれとは、複数の視点を取るというジェイムズの方法論によって統合され、相互に根拠を与えあう関係にあると考えることが可能だからである。以上の点を示すために、まず、存在論と認識論という二つの見方に即して純粋経験論を検討する。

第2節　世界の素材としての純粋経験――存在論的な純粋さ

ジェイムズは『徹底した経験論論集』において、世界の基礎的なあり方を純粋経験と捉える。純粋経験はこの世界に存在する「ただひとつの原初的な素材あるいは材料〔only one primal stuff or material〕」であり、「すべてのものがそこから構成される素材」（ERE 4: 17）である。ジェイムズは、こうした立場からデカルト以来の物心の二元論を批判した[12]。心と物、主観と客観、意識と対象といった区別は、存在論的に独立した二つの領域を示すものではない[13]。そうではなく、人間経験に限定されない、より一般的な見地から世界の構造と私たちの経験の成り立ちとが説明される。いいかえれば、「生じることすべてを〔…〕〔主観と客観のような〕存在論的な二元論なしで記述すること」（ML 254）がジェイムズの企図なのである。

本節では、以上のような純粋経験の素材としての側面に注目し、存在論的な視点から世界の諸部分の関係が記述される箇所を考察しよう[14]。

まず、素材としての純粋経験の「純粋」とは、主客、物心といった二元的区別に対して中立的であることを意味する[15]。いいかえれば、認識主体と認識対象、心的存在と物質的存在といった区別は、「経験それ自体のなかにあるわけではない」（ERE 13: 31）。この世界は本来そのような区別以前のあり方をしている。ちょうど、机や本棚や箸が木という同じ素材から作られているように、痛みのような主観的経験とコップのような物質的対象も、存在論的には同じ素材でできている。このような純粋経験は、物と心、主観と客観といったカテゴリーに分類される以前の中立的な素材であり、この世界を形成する形而上学的な素材として世界の至るところに遍在する[16]。それゆえ、ジェイムズは次のように述べる。

> ある〔純粋〕経験の部分が意識的という性質を獲得するのは、その〔純粋〕経験に生じる脈絡〔＝純粋経験の諸部分同士の関係〕にかかっているから、全〔純粋〕経験の総体は何ら脈絡を持たず、それゆえ厳密にはおよそ意識的とは呼ばれえないことになる。〔純粋〕経験の総体はひとつのあれであり、ひとつの絶対者であり、思考と事物に区別されておらず、また〔全体として見れば〕区別されることもできない途方もなく大規模な一個の「純粋」経験なのである。（ERE 66: 118）

ここでジェイムズは、純粋経験に備わる世界の素材としての側面に注目し、実在の諸部分の関係を全体的に記述している[17]。純粋経験の全体――存在するものの総体――は、全体であるがゆえにその外部を持たず、意識的ないし物質的といった性格も持たない。なぜなら、そうした性格は、外部との関係を前提として成り立つものである以上、関係を結ぶ余地のないところでは獲得されえないからである。このように総体として見られた純粋経験という素材は、「整理しようもない、まるで性質の違う諸関係の渾沌状態」（ERE 66: 117）なのである。

次に、中立的素材としての純粋経験全体の部分――個別の純粋経験――に眼を向けると、それら諸部分同士が多くの潜在的な関係を持っていることが見出される。つまり、個別の純粋経験にはさまざまな関係のもとで別様に現われうる能力および構造が備わっている（ERE 133: 212）。しかし、個別の純粋経験という特定の部分に焦点を当て、それを単独で取り出してみると、それらはどれも、主観、客観といった区別に対して中立的である。すなわち、この世界は、どの時点においてもどの部分においても、その部分だけを取りあげれば「純粋」なのである。ジェイムズは次のように述べる。

> 現在というこの瞬間的な領野は、いかなるときであっても〔＝どの任意の部分を取りあげたとしても〕、私が「純粋」経験と呼ぶものである。それは、まだこの段階では、ただ潜在的、可能的に客観ないし主観であるにすぎない。さしあたりそれは、無記で無限定の現実性ないし現実存在、単純なあれである。（ERE 13: 32）

純粋経験の全体がそうであったように、「現在というこの瞬間的な領野」として切り取られた個別の純粋経験も、主客の区別に対して中立的である。そのような区別は「個々の〔純粋〕経験に固有なものではありえない」（ERE 77: 132）。個別の純粋経験が心的なものを表したり物質的実在を表したりするのは、「〔純粋〕経験同士が互いに対しておこなうふるまい、諸経験の関係の体系、諸経験の機能」（ERE 77: 132）によってである。すなわち、「あらゆるものの第一質料」（ERE 69: 120）である純粋経験の個別の部分が、周囲の部分にどのような反応をし、どのような影響を及ぼすかといった働きが、その部分の身分を決めるのである。ジェイムズは次のような例を挙げる。

> このペンのあとに続く諸経験が、ただそのペンを繰り返すばかりであるか、あるいはペンとは違っていても、「現実的に」それに関係づけられるものである限りでは、ペンとその後続の諸経験とは安定して存在する物質的事物の一群をなすだろう。（ERE 63: 113）

すなわち、時間の経過にもかかわらず、このペンがいつでも同じペンとして経験されつづけたり、いつでもほかの純粋経験に作用する経験であったりする場合、そのような経験群は物質的事物となる。それに対して、何か別のことを想像するとすぐに消えてしまうペン、移ろいやすい純粋経験、「同じ性質を同様に持ちながら、それらの性質を「現実的に」発揮できないでいる経験群」（ERE 17: 39）は、心的存在となる。つまり、ある経験が心的だということによって指示されているのは、純粋経験の一片が世界の特定の諸部分――たとえば、情緒、その内容への注意、その内容を私に思い出させた数分前の観念など――に結びつけられ、「新しい連合体と関係を結ぶことによって、はじめて思考として分類されるに至る」（ERE 109: 180）という事態にほかならない。このように、個別の純粋経験は、それが属するグループが恒常的な性格を持つものであれば物質的事物となり、反対にそのグループ全体が移ろいやすいものであれば心的存在となるのであって、個別の純粋経験そのものにそういった区別があらかじめ備わっているわけではない。

個別の純粋経験のふるまい方にこのような差異が生じるのは、それぞれの純粋経験に傾向性——あるいは好みとでも言いうるようなもの——が備わっているからである。換言すると、個別の純粋経験は、「ある仲間を排斥し、ほかの仲間を規定し、気の合う友人とそりの合わないものたちとを持っている」（ERE 18: 41）。この傾向性ないし潜在性は、全体としての純粋経験の推移のなかで分類され現実化する。[18] つまり、特定の純粋経験が「心的な経験から〔…〕ふるい分けられ、渾沌とした〔純粋〕経験全体のうちの安定した部分として沈殿、凝結し、物質的世界という名で呼ばれることになる」（ERE 17: 39）のである。[19]

このように、ジェイムズの議論においては、心的、物質的という区別が、中立的な素材のふるまい方の違いとして説明される。心的存在と物質的存在とのあいだに実体的な区別はなく、両者は存在論的には同じ種類である。こうした区別はただ、個別の純粋経験が、諸経験からなる二つのグループのどちらに属するかに応じて生じるものにすぎない。こうして、両者を純粋経験全体における諸部分間の結合関係として説明することによって、従来の二元論的哲学に含まれていた断絶を解消することが、ジェイムズ哲学の目標であり特徴なのである。[20]

以上の議論を踏まえれば、次のように言うことができる。純粋経験に関する言説は第一義的には存在論、つまり世界の基礎的なあり方についてのものである。[21] 存在のこの段階においては、経験する主体というものはいまだ措定されていない。それゆえ、その主体にどのようなものが与えられるかということも問われていない。ジェイムズによれば、そのような主体は純粋経験の諸部分が一時的に結びうる特殊な種類の相互関係にすぎないからである。では、主体は素材としての純粋経験という存在論的基盤からいかにして発生するのだろうか。次節ではこの点を考察しよう。

第3節　素材としての純粋経験における主体の発生

前節で述べられたように、純粋経験の世界においては、潜在的にさまざまな関係を持つ純粋経験の諸部分が現実に特定の経験群の一員となることでそのあり方を変える。こうして、「〔純粋〕経験のひとつの瞬間が、接続的であれ分離的であれ、ひとつの経験的な織物を織りつづけていく推移によって、次の瞬間へと増殖してゆく」(ERE 42: 79)[22]。つまり、素材としての純粋経験全体の発展のなかで、個別の純粋経験の存在身分も変転していくのである。

ところで、そうした関係のなかには、「心的状態を形成し、相互に連続していることを直接に意識している項と項のあいだで経験される関係」(ERE 23: 48) がある。この関係に付随して生じる経験群が、個別の主体、すなわち自己である。

記憶、目的、努力、達成、失望などからなる一体系としての自己というものの組織化は、すべての関係のうちで最も親密なこの種の関係〔＝心的状態を形成し、相互の連続を直接に意識している個別的純粋経験間の関係〕に付随して起こる。そして、このような関係をなすもろもろの項は、多くの場合、実際に互いの存在に浸透しあい、浸潤しあっているように見える。(ERE 23-24: 48)

ジェイムズは自己という経験群を、「最も親密な関係」と捉える。つまり、「ひとつの「心」ないし「個人的意識」とは、一定のさまざまな推移過程が混ざりあった一連の〔純粋〕経験を表す名前」(ERE 39: 74) であり、複数の純粋経験同士が密接に結びついたものである。くわえて、世界にはそれ以外の「さまざまな度合いの親密さ」(ERE 23: 47) がある。それゆえ、このような関係から成り立つ個々の自己同士は、親密さの程度の異なりによって区別されるにすぎない。このようにジェイムズは、従来の個別に独立した実体的自我を、純粋経験同士の関係に解体するのである[23]。

では、自己を構成する関係とはどのようなものか。それは、ある部分が別の部分に気づくということである。「意識的」であるということは、単に存在することを意味するのではなく、報告され、知られてあること、自身の存在に付加された自身の存在への気づき〔awareness〕を持つことを意味する。これこそ、私有化する〔個別の純

粋〕経験が〔別の個別的純粋経験の〕あとに続くときに生じていることなのである。（ERE 65: 116）[24]

ある個別の純粋経験が別の純粋経験に気づき、それを自分のものとする。この気づきによって、中立的な世界のなかに選り分ける主体と選り分けられる対象とが生じる。[25]いいかえれば、「純粋経験同士の関係しあう「複数の項」の一方が認識主体〔…〕となり、もう一方が認識される対象となる」（ERE 4-5: 17）。この主体としての個別の純粋経験が、渾沌とした純粋経験の総体のなかから特定の純粋経験たちを取りまとめ、一個の自己という集団を形成する。この一連の作用が、右の引用において「私有化」と呼ばれているものである。

さらに、こうした主体の私有化作用によって、世界に中心とその周囲が生まれ（ML 235）、主体の近傍が〈ここ〉となり、主体の行為するときが〈いま〉となる。また、より遠い部分、より以前の部分は〈そこ〉や〈そのとき〉と呼ばれる。いいかえれば、純粋経験全体のなかに特定の中心が生じることで、世界にさまざまな関係の度合いが発生する。こうして、全体としての純粋経験から、一時的、機能的な仕方で発生した個別の主体的経験は、ほかの部分を序列化し組織化するのである。[26]

第4節　純粋経験の与えられ方——認識論的な純粋さ

前節で論じられたように、ジェイムズの議論において、個々の経験主体は素材としての純粋経験の推移を通じて生まれる。では、こうして発生した主体にはいかなる経験が与えられるのか。すなわち、主体に現われるものに焦点が当てられると、純粋経験はどのような相貌を見せるのか。ジェイムズがこのような認識論的側面に注目し、その視点からも純粋経験を語るのは、上述の存在論的記述に加えて、私たちに現われる経験をも純粋経験として記述し、その具体的側面を明らかにするためである。[27]

まず、主体に与えられるものとしての純粋経験は「直接的な生の流れ」であり、「この流れが材料となり、私たちは概念的カテゴリーを使い、そこにあとから反省を加える」(ERE 46: 84)。

> そのような〔主体に与えられるものとしての純粋〕経験は、あとで必要になるもろもろの識別がまだなされていない知覚の原初的段階を示している。そこには、はっきりした種類の一片の経験がある。けれども、最初にそこにあるのは「純粋な」事実としてなのである。(ERE 73: 125)

この引用からは、所与としての純粋経験の二つの特徴を読み取ることができる。第一に、この意味での「純粋」経験は、心的ないし物質的という分節がなされる以前の「感じや感覚の別名」(ERE 46: 84) にほかならない。それは「一片の純粋経験にすぎず、それ自体では、ひとつの脈絡では対象としてふるまい、ほかの脈絡では心的状態として現われる単なるあれ」(ERE 9: 25) である。[28] 第二の特徴として、このような「単なるあれ」には、ほかの経験と結びつき、さまざまな役割を果たしうる能力ないし潜在性が備わっている (ERE 9: 26; ML 254)。[29] いいかえれば、所与としての純粋経験は、「一と多の両方で〔潜在的には〕充満しているが、〔まだ〕表面に現われていない〔=現実化していない〕点に満ちている」(ERE 46: 84)。所与としての純粋経験にこのような特徴を与えているのは、素材としての純粋経験である。つまり、素材としての純粋経験が存在論的な基盤となり、所与としての純粋経験の中立性および潜在性を成立させていると考えることができる (MEN 30-31)。このような特徴が、主体に現われた経験が「純粋」だということの内実である。

さらに、与えられた純粋経験に備わるこの潜在性は、時間のなかで展開し現実化していく。所与としての純粋経験が被るこのような変化について、ジェイムズは以下のように述べる。

> 純粋経験の流れは、それが〔主体的経験に対して〕生じるとすぐにもろもろの強調点で満たされていく傾向を持ち、

こうして強調され目立ってきた部分同士が同一のものとされ、固定され、抽象化されることになる。その結果、経験はまるで形容詞や名詞、前置詞、接続詞などが織り込まれているかのような様態で流れていく。（ERE 46: 84）

こうした経験の自己展開が生じるのは、主体に与えられる純粋経験がつねに不十分なものであり、その内容を塗り替える「より以上のもの〔more〕によって不断に縁どられている」（ERE 35: 67）からである。所与としての純粋経験は、潜在的に全宇宙を含んでいるとはいえ、その顕在的な部分はごくわずかである。縁暈としての曖昧な部分が、時間の経過のなかで明瞭な部分になり、それまで中心にあったかつての明瞭な部分に取って代わる。すなわち、「世界が与えてくれる一連の推移的な諸経験」（ERE 14: 33）が、所与としての純粋経験の明瞭な部分に対して周辺部から押し寄せてくる。これによって経験内容は更新されつづける。ジェイムズによれば、「このような発展は、いかなる哲学も認めずには済まされない究極の事実」（ML 256）である。こうして、主体に与えられる純粋経験は素材としての純粋経験と同型の発展を辿る――すなわち、潜在的な性質が時間の経過のなかで顕在的なかたちを取って現われる――ことになる。

以上の考察をとおして、純粋経験の二つの側面のあいだの関係も明らかになる。まず注意すべきことは、中立的な素材としての純粋経験がそのまま主体に現われるわけではないという点である。主体に与えられるものは、つねに具体的な何か――所与としての純粋経験――である。すなわち、「一片の純粋経験のうちのどれであれ、それが何からできているのかと尋ねられれば、答えはいつも同じである。「それはあれから、まさに現われるままのもの、すなわち空間、強度、平坦さ、茶色さ、重さ、その他さまざまなものからできている」」（ERE 14-15: 34-35）。つまり、認識論的視点から捉えられた純粋経験は、「こうした感覚的性質のすべてを表す集合名詞」であり、したがって、「あらゆる事物を構成する普遍的な要素〔＝素材としての純粋経験〕など、〔認識論的には〕どこにも現われることはない」（ERE 15: 35）。眼に見えるもの、手で触れるもの、一般に感覚できるものは何であれ所与としての純粋経験であって、この世界を構成する素材としての純粋経験ではない。

とはいえ、所与としての純粋経験も、素材としての純粋経験とまったく別のものというわけではない。前者は後者から生い立ったものだからである。そうであればこそ、両者は中立性および潜在性という特徴を共有し、潜在から顕在へという同じ経路を辿って発展することもできるのである。他方で、所与としての純粋経験が素材としてのそれの発展の一段階にすぎないという点で、両者は異なっている。すなわち、前者は、後者が私有化に伴って秩序づけられた段階の純粋経験である。それゆえ、上述のように、素材としての純粋経験が発展段階を無視してそのまま所与としての純粋経験として現われるわけではない。この所与としての純粋経験の成り立ちが、前節では主体の発生という存在論的な側面から記述され、先の引用（ERE 14-15: 34-35）では、発生した主体の側から認識論的に語られているのである。(30)

こうして、認識論的な視点から捉えられた純粋経験は、存在論的な純粋経験に認識根拠を与えていると言える。(31)反対に、素材としての純粋経験は、主体に与えられる純粋経験の発生を説明しうるという点で、存在論的により基礎的なのである。

それゆえ、純粋経験の二つの側面は互いに相容れないものではない。ジェイムズは、あるときは素材としての純粋経験の展開過程に焦点を当て、また別のときには生成した主体に与えられるものと主体によって生まれる世界内の差異とに重点を置く。取られる視点に応じて純粋経験の相貌が変化するだけであって、そこに矛盾はない。したがって、純粋経験の二面性は、従来の研究において指摘されたような対立などではなく、私たちの経験と世界をありのままに捉えなおすというジェイムズの基本姿勢を体現するものなのである。

こうして、純粋経験を複数の視点から語るという方法に着目することが、この概念を整合的に理解するための要であることが示された。すなわち、まず、中立的な第一質料としての純粋経験の機能的なふるい分けをとおして主体が生成するということが、存在論的な視点から語られた（第2、3節）。次に、主体に視点が移され、そこに与えられる経験が認識論的な視点から記述された。そこでは、この主体がパースペクティヴの原点となり、渾沌とした経験に秩序を与えるのだった（第４節）。こうして、複数の視点を用いるという方法論が、純粋経験の二側面を存在論から認識論への発展として統一的に理解することを基礎づけていると考えられる。この方法の詳細については第４章で考察することとし、次章では、純粋経験論がジェイムズ晩年の著作である『多元的宇宙』においても継承されていることを確認する。

第3章　ジェイムズ哲学における関係の概念——F・H・ブラッドリーとの論争をとおして

前章において明らかになったように、純粋経験とは実在全体を形作る中立的な素材であり、個人の意識も含めたあらゆる個別の存在者を成立させる基盤である。ひとつの個別的純粋経験は、複数の脈絡において、数的に同一のままでありながら異なるふるまいをなす。主客、物心の区別は、この差異によって機能的に説明される。ジェイムズは、存在論的および認識論的視点を使い分けながら、みずからの形而上学を展開したのであった。

しかし、ここで疑問が生じる。ひとつの純粋経験が特定の脈絡に入るとき、その純粋経験はほかの純粋経験とどのような関係を持つのか。もしこの関係が当の純粋経験にとって本質的であるとすれば、純粋経験論は成り立たなくなる。なぜならその場合、純粋経験は複数の脈絡に入るごとにみずからの本質を変え、数的に別個の存在者になってしまうからである。これでは、中立的な素材のふるまいによって従来の二元論を乗り越えようとするジェイムズの目論見は頓挫することになる。したがって、一個の純粋経験が数的な同一性を保持したままで複数の脈絡に入ることを可能にするには、純粋経験と脈絡（他の純粋経験）との関係が、関係項である個々の純粋経験の本質に関わらないもの——外的関係——でなければならない。

本章では、こうした外的関係の擁護がいかにしてなされるのかを考察し、ジェイムズが晩年の『多元的宇宙』において展開した相互浸透の哲学、すなわち、存在するすべてのものが緩やかにつながりあい、たえまなく流動する世界像へと至る道行きを解明する。

第1節　ブラッドリーによる関係批判

本書第1章で述べられたように、ジェイムズは『原理』第九章において、原子論的経験観を批判し、経験を各部分が緊密につながった流れとして描いた。意識とは、パズルのピースを組みあわせたり、積み木を積んだりするような、「複合されたもの、小さな状態の結合によってできたもの」（PP 148）ではなく、つねにあふれ、それ自身をはみ出し、周囲からの影響に曝される流動的なものであった。このようにジェイムズは、私たちの経験が関係的な特性を持つことを強調する。これはジェイムズ哲学の一貫した特徴のひとつである。

他方で、ジェイムズの論敵である英国の観念論者F・H・ブラッドリー（一八四六―一九二四）は、その主著『仮象と実在』（*Appearance and Reality*, 1893）において関係の非実在性を説き、複数の関係項をつなぐものとしての関係という考えが困難を孕むという議論を展開した。これは、ジェイムズの純粋経験に対しても大きな影響を与えるものである。そこで、本節ではブラッドリーの議論を概観したうえで、次節においてジェイムズの応答を検討する。

ブラッドリーによれば、複数の存在者同士が関係づけられるという事態は矛盾を含んでいるため実在に属することはできない。ここで批判される関係には、外的関係と内的関係という二種がある。一方の外的関係とは、関係項の本性に基礎を持たない偶然的、恣意的な関係で、複数の項が互いに影響を与えあわない関係である。これに対して内的関係とは、関係項の本性に基づき、みずからの内的構造によって結合している必然的な関係で、この関係が変わるならば項そのものも変わってしまう。つまり、内的関係は、関係項を関係項たらしめ、関係項が何であるかを決定するものである。(1)

たとえば、二という自然数にとって、「一の次の数である」ということは本質的である。一の次の数でないような自然数は決して二とは呼べないからである。したがって、二が一に対して持っている「次の数である」という関係は、二にとって内的である。反対に、いま机の上にあるコップは、さっき台所にあり、あとで食器棚に置かれるかもしれないが、コップそのものは同じ一個の物体のままである。それゆえ、「机の上にある」とか「台所にある」といった場所的関係は、コップにとって外的である。

こうした関係概念に対するブラッドリーの批判の要点は、関係には矛盾が含まれるので、それが外的であれ内的であれ関係項同士を結びつけられないというものである。この点を論証するために、二つの論法が用いられる。第一のものは、研究者によって「連鎖論法〔chain argument〕」[2]と呼ばれている。この論法では、二つの項をつなぐには第三の項が必要となり、それが無限に続くとされる。

> 関係Cは〔関係項〕AおよびBとは異なるものとされており、もはやAとBに述語づけられない。しかし、この関係Cについて、さらにAとBについても、何事かが言われるように思われる。そしてその何事かは、一方〔＝関係C〕の他方〔＝関係項A、B〕に対する帰属といったことではありえない。もしそうであれば、その何事かはもうひとつの関係Dであるように思われるが、この関係Dにおいては、一方にCがあり、他方にAとBがある。だが、そのような間に合わせをしたところで、すぐさま際限のない過程に至る〔だけである〕。（Bradley［1897］18）

これはどういうことだろうか。具体例を用いて考えてみよう。「太郎は次郎より背が高い」という場合、太郎（T_1）と次郎（T_2）という二つの項が「より背が高い（R_1）」という関係によってつながれている①。しかし、T_1とR_1を関係づけるには、さらなる関係R_2が必要だし、T_2とR_1とのあいだにも、別の関係R_3が必要である②。そして、このような関係の要請は無限に続く。いいかえれば、関係というものを独立したひとつの実在だとすると、関係と項をつなぐ新たな関係が際限なく必要になり、無限後退に陥るのである③。

① T_1—R_1—T_2

② T_1―R_2―R_1―R_3―T_2
③ T_1―R_4―R_2―R_5―R_1―R_6―R_3―R_7―T_2

ブラッドリーが用いる第二の論証は「内的差異論法（internal diversity argument）」[3]と呼ばれる。これによれば、多様な構造を持つものをひとつにまとめるための関係が無限に必要となり、第一の論証と同様の結果となる。まず、関係を擁護する側から見れば、関係と関係項を切り離してしまうと連鎖論法の餌食になるのだから、両者を切り離さず、関係項の内的構造を、関係を可能にするものとして要請すればよいとも考えられる。いいかえれば、太郎という関係項の内部に、「次郎より背が高い」という関係的述語の帰属を可能にする何らかの構造が備わっているとすれば、関係が可能になるということである。しかしブラッドリーによれば、これは問題の先送りにすぎない。

関係を用いなければ、こうした多様をAに対して述語づけることはできない。他方で、内的関係をもってしては、Aの統一は消え、Aの複数の内容は果てしない区別の過程のなかに消え去る。（Bradley［1897］26）

つまり、関係を関係項に内在させるとしても、項の内的構造と性質との関係――ひとつの項を一としてまとめる関係――が依然として必要である。「より背が高い」という述語は、太郎およびその内的構造とどのように結びつくのか（どのような関係を持つのか）が再び問われなければならない。そうなると、項の内部で再び無限後退が生じてしまう[4]。

以上を踏まえて、ブラッドリーは関係について次のように結論する。複数の項とそれらが関係づけられることによって形成される複合体という考えは維持不可能である。したがって、関係は仮象にすぎず、実在に関して真なるものではありえない（Bradley［1897］28）。つまり、関係は存在論的な紐帯ではないのである[5]。

ブラッドリーによる関係概念批判は、実在全体が単一の個体であるとする彼自身の実体一元論的な形而上学への布石だと解することができる。多元論は、実在が相互に関係しあう多くの存在者からなると主張する。ところが、関係が矛盾を含んでいる以上、このような多元論は成立不可能である。だから、実在は単一の個体として考えられなければならない。すべてのものは、唯一の実在である絶対者の内部におけるもろもろの差異ないし区別として定位される。すなわち、部分は全体によってのみその何であるかが決定されるのである。こうして、完全な内的関係からなる一個の体系――絶対者――だけが実在的である。(6) ブラッドリーは、『仮象と実在』第二版の補遺「関係と性質」(Bradley [1897] 512-24) においても同様のことを明言しており、次節で扱うジェイムズによるブラッドリー批判もこの論考をめぐってなされている。

第2節　『徹底した経験論論集』における関係の擁護

『心理学原理』において示された経験における関係的なあり方は、『多元的宇宙』および『徹底した経験論論集』においては実在全体の本性へと拡張された。(7) ジェイムズは、こうした世界像を阻むものとしてブラッドリーの議論を取り上げ、純粋経験論の立場からこれを批判する。本節では、ブラッドリーが論じた関係の非実在性が純粋経験論に与える影響と、ジェイムズによるブラッドリー批判とを検討する。

それに先立ち、前章で考察した純粋経験論を、本章の議論に必要な範囲でまとめれば、以下のようになる。

(一) 純粋経験とは、物心ないし主客という区別に対して中立的な素材である。

(二) 個々の純粋経験は、互いの結びつきや配列がたえまなく変わるという動的性格を有する。

(三) 個々の純粋経験は、そのふるまいに応じてみずからが属する脈絡を変える。

世界の根源的なあり方である素材としての純粋経験は、複数の脈絡――これ自体純粋経験の集まりである――に入り、それぞれのなかで異なる働きをおこなう。それに応じて一個の純粋経験は認識主体になったり認識対象になったりするのであって、中立的素材としての純粋経験に先立つ認識主体や認識対象などない。これが純粋経験論の中心をなす論点であった。

さて、以上の議論が成り立つには、複数の脈絡のなかに置かれ、複数の関係を構成するとされる純粋経験が、みずからの数的同一性を保持することが不可欠である。いいかえれば、純粋経験は複数の脈絡において「二度数えられうる」とはいえ、それ自体では「終始どこまでも数的に単一のもの」（ERE 8: 23）でなければならない。かりに脈絡に応じて純粋経験が数的に別個のものになるとすれば、心的脈絡における純粋経験と物理的脈絡におけるそれとが別個の切り離された存在となり、存在論的な二元論が残ることになる。これでは、物心の区別を純粋経験のふるまいの違いとして説明しようとするジェイムズの目論見は失敗に終わることになる。

ところが、ブラッドリーによる関係の非実在性の議論が正しいとすれば、純粋経験論は成り立たない。なぜなら、一方で複数の純粋経験同士の関係が外的なものであるなら、連鎖論法によって純粋経験と関係とのあいだにさらなる関係が無限に必要となるからであり、他方で一個の純粋経験の内部に結合の根拠を求めても、内的差異論法に基づけば、純粋経験の内的統一が依然として不明のままだからである。

それゆえ、ジェイムズは、純粋経験という関係項の数的同一性を保ちつつ、ほかのものとも接続できるような関係の可能性を擁護する必要があった。これが『徹底した経験論論集』第三章「事物とその諸関係」におけるブラッドリーとの対決の動機である。

ジェイムズはこのなかで、ブラッドリーの議論（Bradley［1897］514-16）を次のように要約する。関係は、関係項に対してすべて内的である。つまり、関係は関係項の本質を構成しているので、関係が異なれば、関係項も数的に別個のものになる。それゆえ、「本がテーブルの上にあるときと、本がテーブルから離れたところにあったときとでは、状況が異なるばかりでなく、本自身も一冊の本として異なる」（ERE 54: 98）。反対に、関係が関係項に対してただ外的にのみ関わるのであれば、「そもそも問題の関係項はおよそ何らの理由もなく関係づけられることになるように思われる」（ERE 55: 99; Bradley［1897］514）。

これに対して、ジェイムズは外的関係を擁護するために次のように述べる。

〔内的関係以外の〕その他の諸関係、たとえば〈どこ〉や〈いつ〉などは、偶然的な関係であるように思われる。紙片は、テーブルから「離れて」あるかもしれないし、テーブルの「上に」あるかもしれない。いずれの場合でも、その関係は二つの関係項の外側にしか関わらない。〔…〕この関係は外的である。すなわち関係項の内的本性はその関係に関わらない。（ERE 53: 97）

しかし、この議論は成功しているようには思われない。というのも、ジェイムズも認めるように、ブラッドリーの議論に即するならば、たとえ「外的」な関係であろうと、「いやしくも関係項がいくらかでも関わる以上、関係項はもちろん内的に影響を受けざるをえない」（ERE 55: 99; Bradley［1897］515）からである。ここで問題になっているのは、外的関係の成否そのものである。にもかかわらず、ジェイムズの回答は、外的関係があれば問題ないというものであり、これでは外的関係が可能であることを先取りしてしまっている。それゆえ、ジェイムズの応答は不十分であると言わざるをえない。

第3節　「ミラー‐ボードの反論」における「論理」の放棄への道

それでは、ジェイムズのより徹底した回答はどこに見出されるのか。それは、純粋経験論と『多元的宇宙』とのあいだの期間に書かれた「ミラー‐ボードの反論」（"The Miller-Bode Objections"）という草稿群である。本節では、この草稿の主題であるミラーとボードから寄せられた純粋経験論に対する批判が、ブラッドリーの議論と同趣旨であること(8)を確認したうえで、ジェイムズがこの批判をどのように「解決」したかを考察する。この草稿はテクストの不備もあり、これまで十分には研究されてこなかったが[9]、この草稿においてジェイムズが最終的に提示した「解決」によって、もろもろの純粋経験が相互浸透しつつそれぞれの同一性も保たれる多元的世界像が可能となることが示される。

ジェイムズがみずからの哲学体系を構築しようとしていたとき、ジェイムズのかつての学生であったD・S・ミラー（一八六八―一九六三）とB・H・ボード（一八七三―一九五三）[10]から批判が寄せられた。二人による純粋経験論批判の要点は以下のようにまとめられる[11]。ひとつの経験がみずからの同一性を保ちながら複数の関係に入ることは不可能である。経験がどのようなものであるかは、それがどのように経験されるかに依存しており、そうである以上、ひとつの純粋経験が複数の系列と関係し別様にふるまうとき、その経験はもはや数的に同一の経験ではない。前節での検討を踏まえれば、この批判は、外的関係を否定し関係がすべて内的なものでなければならないという主張にほかならない。つまり、ブラッドリーの議論と同様、この批判が妥当であるとすればジェイムズの純粋経験論にとって致命的である。したがって、純粋経験の存否はこの批判を退けることにかかっていると言える。

この批判に対する応答が「ミラー‐ボードの反論」と名づけられた草稿群である。この草稿は、途中三回の中断を挟みつつ、一九〇五年の秋から一九〇八年二月――『徹底した経験論論集』に収められた諸論文と『多元的宇宙』とのあいだの期間――までのおよそ二年半にわたって書かれたものである。

この草稿においてジェイムズは、上述のミラーとボードによる批判――数的に同一の項が複数の関係を持つことの不可能性――を受けて、複数の認識者によって認識された対象は同一でありうるか、ひとつの経験が数的な同一性を保ったままで複数の関係を持つことは可能かという問題をめぐって試行錯誤を繰り返している（MEN 65-66, 71-72, 75-76, 80, 85-87, 99, 102）。

草稿の具体的な議論に入る前に、ジェイムズがみずからの探究の原則として挙げるものを確認しよう（MEN 91）。第一に、経験的内容を持たないいかなる存在者も主体として認めてはならない。第二に、多元的独我論に満足してはならず、世界は動的に連続している。第三に、無矛盾の原理を侵してはならない。

第一の原則からは、超経験的な対象を認めないジェイムズの立場においては、経験対象の存在およびそのあり方が、経験されることとそのされ方に依存することが帰結する。つまり、経験されなければその対象は存在せず、経験のされ方が異なればその対象は別のものになる。したがって、「私のものである〈感覚されるペン〉と、あなたのものである〈感覚されるペン〉とは同一ではない」（MEN 65）ということになる。

これは論理的な不可能性に関わる問題である（MEN 76）。「私が経験するペンが、あなたが経験するペンと同一だ」ということは、「私が経験するペンは、同時に私が経験しないペンでもある」という論理的に矛盾した事態を含む。なぜなら上述のように、あるペンの存在および本質は、誰に、どのように経験されるかによってのみ規定されるので、それが異なるということは、いわば定義が異なることになるからである。こうして「問題は、異なる諸関係［＝ペンに関する異なる定義］を直接的なものへ同時に適用することに関わる」（MEN 103）。

この問題の解決策として、ジェイムズは複数の候補を検討しているが、このうち本章の問題ととくに関わりが深いものは以下の三つである（この分類は筆者による）。

（a）個人を超えた巨大な潜在意識――これは「宇宙的総体〔cosmic omnibus〕」とも呼ばれる――を導入すれば、問題は解決される。なるほど、諸個人の顕在的意識においては、それぞれの経験主体が知覚する対象は経験のされ方が異なるので異なる対象になる。しかし、個人を超えた一なる潜在意識の領域においては、対象はいまだ現実に経験されていない可能的経験にすぎず、変容や複数化が生じていない。それゆえ、対象の同一性が維持されることになる（MEN 91, 96-97, 99, 103, 105）。

しかし、潜在意識の導入は、ある対象が現実に複数の仕方で経験される場面においては無力である。潜在意識においで対象の数的同一性を確保したとしても、その対象が異なった仕方で知られるのであれば、結局のところその対象は別個のものになってしまうからである（MEN 99）。

（b）常識的な立場に戻れば、経験的対象の同一性は素朴に認められる（MEN 67, 86, 88, 92-93）。ジェイムズはこの解決策に魅力を感じる（MEN 88）一方で、論理的な観点からすれば依然として上述の矛盾が残るため、これも解決策としては不十分である。

（c）問題は、ひとつの対象が複数の関係を同時に持つことをめぐるものだった。たしかに、ひとつの経験が二つの経験のされ方を同時に持つこと、いいかえれば、異なる諸関係が同時に適用されることは不可能である。しかし、ここに時間的な観点――ジェイムズはこれを「継起的、動的観点」と呼ぶ――を導入すれば、同一の対象が異なる仕方で知られるのは複数の時点においてであることになり、矛盾を避けることができる（MEN 70, 78, 109-10, 112）。だが、これは問題の先送りにすぎない。ある時点で経験された対象と別の時点で経験された対象は、それぞれ経験のされ方が異なるので、やはり別の存在者になるはずだからである（MEN 78）。

以上の考察から、三つの候補が退けられる理由は、第二と第三の原則の衝突にあることが分かる。つまり、一方でジェイムズは、第二の原則に基づいて、複数の経験主体のあいだに数的に同一の対象が成立すると認めることで独我論的状態を避け、主体間の連続性を保持しようとする。しかし他方で、第三の原則に即する限り、同一の経験が複数の関係を持つという論理的に不可能な事態は排除されなければならない。第二の原則に対して第三のそれを優先するために、これらの候補は退けられるのである。

考察開始から一年が過ぎようとするころ（一九〇六年九月二一日）、論理的な困難だけが問題なのではなく、ここには論理と実在の関係という形而上学的な問題も含まれるという着想が生まれる（MEN 104: cf. Lamberth［1999］178）。すなわち、困難の原因はミラーとボードによる批判の前提にある。その前提とは、経験の存在は誰かによって経験されることに依存し、その経験の本質がどのように経験されるかに依存するという「心理学の公理」（MEN 115）ないし「主知主義的な主張」（MEN 123）である。上記の三つの解決策が矛盾に陥るものとして退けられたのも、この公理に従っていたからである。では、この前提ないし公理自体を捨てるという選択肢はないのだろうか。ジェイムズは直後の九月二一日に次のように書いている。「物理的な言葉で〔説明の便宜上〕抽象的、逐語的に語られた記号にしがみつくな。

むしろ、その記号を直接的経験の事実〔すなわち、あなたと私が経験しているのは数的に同一の対象だという事実〕によって解釈しなおせ」（MEN 114）。

その後、ジェイムズがこの草稿において至った最終的な結論は、「論理的に区別されるものは、〔だからといって〕存在論的に分離されたものだということにはならない」（MEN 120）というものである。経験される対象は、たしかに上記の公理に基づけば数的に別個の存在者と見なされるが、そのような前提を捨て、現実をありのままに受け止めれば、複数の認識者によって認識されても数的に同一でありうる。それを認めがたいと思うのは、「私たちが持っている根深い主知主義と、概念に対する偶像崇拝」（MEN 121）に由来するものにすぎないのである。

こうした解決によって純粋経験論は救われ、諸経験が相互に浸透しながらそれぞれの数的同一性をも保つ多元的世界が成立可能となる。「存在するものはすべて、混淆状態〔durcheinander〕という特徴を持っている」（MEN 123）。日常的な経験において現に出会われる同一の対象を率直に認めるとともに、その対象が個々別々に切り離された「死んだ単位〔dead unit〕」（MEN 125）ではなく、ほかのものとの複数の関係に入り、多様な方向に拡散し、取り込みあい、相互に作用しあう実在の生きた構成要素であることも、こうして許容できるようになる。主知主義が用いる狭隘な「論理」を超えて、私たちは同じ対象を扱うことができるし、「パラドクスなしで同じものの直観的ないしは生きた構成を語ること」（MEN 124-25）が可能になるのである。

第４節　ジェイムズが捨てた「論理」とは何か

それでは、「ミラー‐ボードの反論」において得られた「心理学の公理」の拒否という結論は、ジェイムズ哲学の理解にどのような影響を及ぼすのか。本章の最後にこの点を瞥見しよう。

まず、「ミラー‐ボードの反論」の延長線上に、その後のジェイムズの思索、とりわけ晩年の『多元的宇宙』で示された相互浸透的な実在観を位置づけることができる。ジェイムズは『多元的宇宙』において、実在の諸部分間の関係や複合、融合を論じるために、主知主義の「論理」を放棄した。彼は次のように述べる。

ついに私は、率直に、きっぱりと、後戻りできない仕方で、論理を捨て去らなくてはならないと考えるに至った。論理は人間の生において不朽の有用性を持つが、その有用性は私たちに実在の本質的なあり方を理論的に知らせるものではない。〔…〕実在や生命、経験、具体性、直接性――ほかに何と呼んでもかまわないが――といったものは、論理を超越し、論理からはみ出し、論理を包み込んでいる。(PU 96: 160; cf. PU 94: 156)

本章の議論を踏まえれば、ここでジェイムズが捨てたと述べる「論理」とは、「ミラー‐ボードの反論」において批判された「心理学の公理」ないし「主知主義の論理」のことであって、通常の論理一般ではない。実際『多元的宇宙』においては、「心的事実はそれが現われるがままのものであるという観念論の原理」(PU 91: 151, 92: 152-53) を指して、「同一性の論理」(PU 91: 151, 94: 155, 95: 157, 96: 159, 98: 163, 144: 242) とか「主知主義の論理〔intellectualist or intellectualistic logic〕」(PU 95: 157, 96: 159-60, 98: 163, 108: 180-81, 115: 197-98, 129: 218) といった語が使われている。そうすると、ジェイムズの念頭にあるのは、日常的な論理のことではなく、論敵である観念論者たちの方法を意味するように思われる。[12]

さらに、この「観念論の原理」は、当時の英米の哲学界において盛んにおこなわれていた観念論と実在論の論争において焦点になっていた。たとえば、G・E・ムーアはこの原理が観念論の主要な原理であり、誤謬をもたらす根源だと見なすのに対して、[13]観念論陣営からは、これが第一原理ではないという再反論もなされている。[14]さらに、ジェイムズが「経験」という用語を採用したのは、彼自身が観念論の原理を支持していたからだという解釈もある。[15]そうであれば、ジェイムズが捨てた「論理」を論理一般と見なし、彼の哲学をある種の非合理主義として特徴づけることは誤りだと言える。[16]

さて、こうした「論理」を捨てることによって、個々の関係項は数的同一性を保ちつつ複数の関係に入ることが可能となる。これは経験に多くの側面があること、すなわち経験の存在と、それが感じられることとの分離を意味する。多様に感じられ、複数の主体によって知覚されてもなお数的に同一の経験というものが成立可能となるためには、観念論の原理が捨てられなければならなかったのである。

このことは、『多元的宇宙』における、複数の経験主体からなる「多宇宙〔multiverse〕」が依然として「ひとつの宇宙〔universe〕」（PU 146: 246）として互いに連結することを可能にする。[17] これは、「純粋経験の世界」――一九〇四年に書かれ、『徹底した経験論論集』に収録された代表的論文――において説かれた「モザイク哲学」（ERE 42: 79）にほかならない。モザイク状に散らばる実在の諸部分は、ブラッドリーのようにひとつの全体のうちに位置づけられて初めて成立するものではない。むしろ、個々の経験がそれ自身の同一性を保ちつつひとつの世界を作り上げ、その世界のなかで関係しあうのである。

いいかえれば、ジェイムズの企図は、すべてを絶対者の派生形態として不当に低く扱う一元論に抗して、個々の存在者の個別性を守るとともに、従来の経験論によって過度に強調された存在者同士の隔絶を是正し、連続性をも保つことであった。個の独自性とそれらの連続性のどちらも実在的なものとして包括しようとするのが、ジェイムズの徹底した経験論である（ERE 23: 47）。これと同じことが、『多元的宇宙』では、多数のものが集まってひとつの宇宙を形成しながら、なお全体にすっかり融合してしまっているのではなく、各部分の独立性が確保されており、全体はいわば「連邦」のような状態にあると言われる（PU 145: 244）。つまり、『多元的宇宙』における探究は、経験が一でもあり多でもあるという主張の意味を明確にするためのものだったのである。[18]

このように、ジェイムズが純粋経験を用いて語った実在と、『多元的宇宙』において語った世界とが同じものであるとすれば、また、ジェイムズのこうした世界観の基礎が「ミラー－ボードの反論」[19] における考察によって与えられたとすれば、晩年のジェイムズが純粋経験論を捨てたとする解釈は誤りである。[20] むしろ、純粋経験はジェイムズの形而上学の本質的側面でありつづけたと解釈する余地が十分にあるように思われる。

実際、第2章で述べられた純粋経験論の要点——同一の純粋経験が複数の脈絡内で異なる機能を果たすこと——は、「ミラー - ボードの反論」と『多元的宇宙』においても保持されている。そこでは、一本の丸太が運び手の交替にもかかわらず数的同一性を保つことができるのは、「生の過程全体が、生が私たちの論理的な公理を破ることによって成り立っている」（PU 115: 197）からだと述べられる。いいかえれば、経験の担い手や経験の属する脈絡が変化しても、経験そのものは同じままでありつづける。このような、「変化する諸事実のなかにあって、変化せず連続する何ものかが存在する」（MEN 126）ことを正当に語りうるためには、観念論の原理を捨てなければならない。つまりジェイムズは、純粋経験論の枠組みを維持するために観念論の原理を捨てたのであって、純粋経験論を捨てて汎心論へ至ったという従来の解釈は、「論理」の放棄の動機および中心的問題を見逃していると思われる。本章で検討したように、純粋経験論の擁護、ひいては世界の間主観的同一性、多くの中心からなる同一の宇宙といったジェイムズ哲学の根幹を成立させるために採用された方策を適切に理解するには、「ミラー - ボードの反論」を踏まえることが不可欠なのである。

第4章　ジェイムズ哲学の方法論——世界への多角的アプローチ

前章までの議論を通じて、ジェイムズが、私たちの経験および世界を複数の視点から捉えることによってみずからの哲学を構築していることが明らかになった。では、このような視点の取り方そのものはどのようにして正当化されるのか。いいかえれば、哲学を語るジェイムズの立脚点はいかなるものか。この問いがジェイムズ哲学にとって重要であるのは、どの視点から世界を語るのかという点について、ジェイムズが『原理』以来つねに注意を払っているからである。ジェイムズは、世界が私たちの視点の取り方次第でさまざまな相貌を見せるものである以上、私たちは自分がどの視点から世界を描いているのかということにつねに自覚的でなければならないと述べる(1)。

本章では、この問いに答えるために、ジェイムズの方法論をより詳細に考察し、これがジェイムズの世界観および哲学観に基づくものであることを示す。まずジェイムズ哲学の方法論を検討し、個人の気質に基づくヴィジョンが哲学だと考えられていることを見る（第1節）。しかし、哲学は単に個人的な見方のようなものに留まるわけではなく、具体と抽象、知覚と概念といった複数の道具と視点を柔軟に使い分ける営みであり、ジェイムズ自身が目指した哲学もこのようなものである（第2節）。くわえて、個人の哲学は宇宙自身による自己表現の一形態でもある（第3節）。このことから、宇宙と個人ないし個々の視点とは、前者のおこなう思考が後者を発生させるという関係にあることが分かる。こうして、複数の視点によるアプローチというジェイムズの用いる方法が、純粋経験からなる宇宙の一部として位置づけられる（第4節）。以上の議論をとおして、第2章で論じられた純粋経験に基づく存在論と、本章で述べられる方法論とが相互に支え合う関係にあることが示される（第5節）。

第1節　ジェイムズの哲学観――ヴィジョンとしての哲学

ジェイムズによれば、哲学とは何よりもまず個人の抱くヴィジョンないし世界観である。哲学は、この宇宙を全体として説明する「包括的な見解」であると同時に、根拠のない独断ではなく、「生に対する知性化された態度」（SPP 10: 5）である。それに加えて哲学は、その人間がこの世界をどう受け止め、それに対してどう身を処すかという姿勢を示すものでもあるとジェイムズは考える。この意味で、ひとつの哲学は「ひとりの人間の心の奥底の性質を表現したもの」（PU 14: 17）であり、「各人の全性格と全経験とによってその人に押しつけられた、生の全衝動の感じ方、生の流れ全体の見方」（PU 14-15: 17）である。[2][3]

くわえて、ジェイムズは『プラグマティズム』（*Pragmatism*, 1907）において、哲学は推論や論証によって真理の獲得を目指す一方で、純粋に知性的にのみおこなわれるわけではなく、個人の「気質〔temperament〕」にも依存すると述べる。すなわち、「哲学の歴史の大部分は人間の気質同士の衝突の歴史」（P 11: 15）であり、「哲学者の気質が、より厳密で客観的な前提のいずれよりも強い傾向を彼に実際に与える」（P 11: 15）。ここでの「気質」とは、ある個人が持つ思考や気分、行動、態度といったものの傾向性であり、「重点の置き方の違い」（P 12: 18）である。普段どのようなものにどのような態度を示すのか、何に敏感で何に鈍感であるのかがその人の気質を表す。これを哲学の場面に適用すると、どのような事柄を合理的と見なすかに関するその人の傾向性が気質であり、その気質が哲学説の形成に影響を及ぼすということになる。[4]

このように、ある哲学を理解するにはその哲学者の気質を見ることが不可欠である。また、現に気質に基づいて哲学が構築されているにもかかわらずそれを扱わないとすれば、それは「私たちが持つすべての前提のうちで最も有力なものに決して触れない」という点で「不誠実」（P 11: 16）であるだろう。哲学はこのように個人のあり方と切り離せない以上、「すべての偉大な哲学者の著書は同じ数だけの人間存在に等しい」（P 24: 43）ことになる。哲学というものは、「同じ被造物である何某の体臭〔personal flavor〕が、いかにひどく風変わりであるかを暴露するもの」（P 24: 44）なのである。[5]

さらに、どんな哲学も「世界を要約的にスケッチしたもの、つまり世界の略図」（PU 9: 7）でしかありえない。なぜなら、時空的にも認識能力においても有限な存在者である私たちが各自のパースペクティヴから世界を描くからである。同じ理由で、この略図を描く際に使える材料も世界のごく一部分に限られている。それゆえ、哲学は蓋然的な結論で満足せざるをえず、不可謬な哲学体系なるものはありえないことになる。[6]

くわえて、哲学の描写は概念を用いておこなわれる以上、具体的なものから遊離し、それを歪めてしまう危険性がつねにつきまとう。つまり、「ある手続きが成文化されるときはいつでも、そこに含まれるかなり微妙な精神が消滅してしまう」（VRE 245: 下 77）恐れがある。それゆえジェイムズは次のように述べる。[7]

概念的な手続きは事実を分類し、規定し、解釈することはできるが、事実を生み出すことはできないし、事実の個性を再現することもできない。そこ〔＝事実〕にはつねに何らかのプラスがあり、このもの性〔*thisness*〕があるのであって、これに答えられるのは感情だけなのである。（VRE 359: 下 295）[8]

これはどういうことだろうか。第１章第１節および第２章第４節で論じられたように、私たちに与えられる具体的経験は、全宇宙を縁暈として包含するひとつの連続体であり、明瞭な諸部分へ分節される以前の豊饒な渾沌状態であった。こうした渾沌状態は、ジェイムズの死後に出版された『哲学の諸問題』（*Some Problems of Philosophy*, 1911）においては、「多即一〔much-at-onceness〕」の連続的な「知覚の流れ」（SPP 32: 42）とも呼ばれる。ジェイムズによれば、このような具体的経験こそ、「存在するすべてのものがじかに与えられる」場であり、「各人の生の記録の最も信頼すべき材料」（SPP 78: 131）である。

ところで、このような知覚の流れの一部に焦点を当て、不変的なものとして固定し切り取ることが、ひとつの概念を形成することである。

私たちは、こうした生《なま》のままの感覚的多様から注意作用によっていろいろな対象を彫り出し、概念作用によってそれらに名前を与え、永久に同じものとする。〔…〕私たちは感覚的連続体の各部分の何であるか〔*what*〕を言い表す。概念とは、このような連続体から抽象された何であるかの全体なのである。（SPP 32-33: 43-44）

たとえば、私がパソコンに向かって何かの文章を書いているとしよう。そこには、あることを考えながら脇に置いてあるメモを見つつキーボードで文字を入力し、変化していくディスプレイ上の文字列を目で追い、ある姿勢（大抵の場合猫背である）を取り、その日の体調や気分、天候、部屋の温度や湿度などを漠然と感じる等々といった経験が、統一体――「生のままの感覚的多様」――として現われている。この統一体の内容は時々刻々変化する（参照するメモが別のものになる、喉が渇く、腰が痛くなる、外が暗くなるなど）。そうしたさまざまな内容を持つ統一体のごく一部に対して、私は「執筆作業」という概念をあてがう。この概念を用いることによって、私の行為は「執筆作業」として同定される。

しかしそのとき、昨日の作業と今日のそれとのあいだにある無数の差異――先の引用における「何らかのプラス」――は切り捨てられている。私が着ている服も、体調も、パソコンに向かう時間帯も、考える内容も、昨日とはまったく異なっているかもしれない。「執筆作業」という単一の概念では捉え尽くすことのできないこうした細部を無視し、抽象的な概念を具体的なものより不当に重んじてしまうことを、ジェイムズは「悪しき主知主義〔*vicious intellectualism*〕」（PU 32: 48）と呼び批判する。私が一週間の生活を振り返り、それを「執筆作業」という概念で括ったうえで、「今週は執筆作業ばかりで単調だった」などと言うとすれば、それは概念の同一性にのみ目を向け、無数の細部を見落とす「悪しき主知主義」の態度だということになる。

こうして、ジェイムズの考えに従えば、哲学には二重の限界があることになる。すなわち、世界を眺めるパースペクティヴとしての哲学が個々の気質を持つ有限な個人に属する（眺めの有限性、偏向性）と同時に、世界を捉える手段である概念は具体性を捉えきれない（道具の有効性の限界）のである。

第2節　多角的パースペクティヴと調停的態度

しかし、以上のような限界があるからこそ、概念を扱う哲学と具体的な領域とは、協力しあい「互いの欠陥を補いあう」（PU 112: 192）必要があるとジェイムズは考える。私たちは一方で、有限な視点に囚われているからこそ、より多くの材料を直接的経験に求めなければならない。また道具である概念が抽象に留まるからこそ、具体的な経験によって事実との接触を保ちつづけなければならない。「〔概念を扱う〕知性は生〔life〕から生まれたのだから、生へと戻らなければならない」（MEN 11）。さもないと、概念は具体的経験という内実を欠いた空虚なものになってしまうだろう。他方で、具体的な経験も、そのままではあまりに雑多であり、「花が咲き乱れ、昆虫がぶんぶん飛び交う途方もない混乱状態」（SPP 32: 43）にすぎない。内容が充実し、個別の状況が前面に出ているので、世界のほかの部分とのつながりが見とおしがたい。その経験から意味を読み取り、帰結を引き出し、それを一般性のあるものにするためには、経験の特定の側面に注目し、それと類似したほかの経験をその側面に指示させるという概念化の作業が不可欠である。こうすることで、特殊な事態から距離を取り、「事物の諸要素のあいだのさまざまな関係を描いた巨大な地図〔＝概念の集合〕」（SPP 43: 64）を描くことによって次の行動への指針を作り、来るべき事態を予測することもできるようになる。(9)

ジェイムズによれば、哲学と具体、概念と知覚のあいだにはこのような相互交流があるべきであり、しかも両者の明確な切り分けは実際には不可能である。たとえば、いま私の目の前にはパソコンのディスプレイがあり、その横に辞書やペンが見えている。肌寒さや若干の空腹感を覚え、エアコンの作動音や家の外を通る人の話し声が聞こえる。このように立ち現われた世界のどこまでが知覚的で、どこからが概念的なのか。両者は「継ぎ目を見分けることができないくらい巧みにつなぎあわされている」(SPP 58: 93)[10]。それだけでなく、知覚と概念のあいだには往復運動も存在する。「概念は知覚から流れ出し、再び知覚に流れ込」(SPP 31: 41) み、「知覚は思考を刺激し、思考は知覚を豊かにする」(SPP 59: 93)。なぜなら、知覚と概念は「同じ種類の素材でできている」(SPP 58: 92) からである[11]。この運動において、具体的経験のなかの本質的なものと偶然的なものとが概念のふるいにかけられる。反対に、概念も具体によるテストに曝されることで現実に通用するかが判断される[12]。

このように両者が突きあわされ影響を与えあうなかから、この世界に関して誰もが同意できる地点を探す営み、これがジェイムズの目指す哲学である。哲学とは、個々人の気質から出てくる単なる主観的意見ではなく、また、現実世界の具体性をとりこぼす粗雑な地図に留まるものでもない。くわえて、概念的領域へと飛び去ったまま特殊な経験に戻ろうとしない抽象的思弁でもなく、知覚的経験に浸って満足する狭隘な感覚主義でもない。むしろ哲学とは、個人の考えと実在世界、具体的知覚と抽象的概念という対立を調停するものでなければならない[13]。したがって、こうした調停的態度、いいかえれば「〔生を〕破壊してしまう知性ではなく、〔生を〕再建する知性」(MEN 11) は、ジェイムズの目指す哲学にとって必要不可欠なものである。それは、具体との接触をつねに保ちつつ、同時に抽象による一般化や普遍化をもおこない、概念と知覚の双方の偏りを修正し補うことを可能にするような知性である[14]。自身の気質から逃れることのできない哲学者と世界との協同作業は、そのような知性によってこそおこなわれる[15]。そして、この作業が、「有限な人間の生活が営まれるこの現実世界と何らかの積極的な関係を結ぼうとする哲学」(P 17: 28) であり、ジェイムズの目指した哲学なのである。

こうした哲学の構築のために、ジェイムズは複数の視点を用いて実在を語る。そこで語られたことは、どれも現実世界の描写として採用されうる。こうした臨機応変な構えは、ジェイムズがプラグマティズムと呼んだものの核心であり、彼の哲学が「仲介者や調停者」となり、「もろもろの理論を「硬化させない」」(P 43: 88) ものとなるために欠かせないのである。[16]

ところで、知覚と概念をこのように柔軟に使い分けながら世界を記述するという手法は、前章までで論じられた複数の視点の取り方の内実であると言える。すなわち、知覚と概念の相補関係——知覚的実在を経験の基底に据えると同時に、概念を用いて知覚から有用な帰結を取り出すこと——は、『原理』および『徹底した経験論論集』における二つの描写——個々の主体に与えられたものに対する、より内在的で認識論的な視点からの描写と、所与を分節し俯瞰的に比較し、その成立過程を説明する存在論的な視点からの描写——の関係と同じである。どちらも、二つの手法を駆使することでいっそう詳細な描写を世界に与えようとしている。それゆえ、『原理』における自己論および意識論と、『徹底した経験論論集』における純粋経験の二つの側面とは、現実世界に対してさまざまな視点から多角的にアプローチするというジェイムズの一貫した方法の実例なのである。

以上の議論を踏まえれば、本章の冒頭で提起された問題——『原理』と『徹底した経験論論集』における視点変更を可能にするものがジェイムズ哲学のなかにあるのか——に対して一定の解答を与えることができる。すなわち、状況に応じて複数の視点を併用することは、ジェイムズのプラグマティズムの根幹であり、世界へ向かう彼の姿勢そのものである。よって、実在に対するこのような探究法は、ジェイムズ哲学の特性を考慮すれば至極当然のものと言える。

しかしもう一歩踏み込んで、このような相補関係がジェイムズの議論の枠内で成り立つのはなぜかを問うてみたい。というのも、この問いによって、哲学は個人の営みであると同時に宇宙そのものの自己表現でもあるという彼の哲学のもうひとつの特徴が明らかになるからである。上述した知覚と概念の相互連関、複数の視点の転換も、この特性によって最終的に基礎づけられることになるだろう。

第3節　可塑的な宇宙の自己表現としての哲学

本節では、ジェイムズ哲学における個人のあり方と、この世界における哲学の占める場所を明らかにする。

よく知られているように、ジェイムズは個人の経験が何にもまして重要だと多くの場所で述べている。哲学の場面[17]だけでなく、宗教[18]や道徳[19]に関しても、その姿勢は一貫している。しかし、ここでの「個人」とは、決して世界や他者から孤立した存在ではない。それは世界のなかに、その「親密な〔intimate〕部分」(PU 21: 29)として織り込まれたものである。「経験論者であろうと合理論者であろうと、私たちはみな宇宙の部分なのであり、その宇宙の成り行きに対して同じひとつの深い関心を分かちあっている」(PU 11: 10)。そして、宇宙の一部である私たちが自身の住む世界をそれぞれの立脚点から描こうとすることが、先に述べられた意味での哲学である。このことを逆方向から表せば、宇宙がみずからを理解するためにおこなう「至高の反応〔a supreme reaction〕」(PU 21: 29)が私たちの哲学だということになる[20]。それゆえジェイムズは以下のように述べる。

> もろもろの哲学は宇宙の親密な部分であり、宇宙が宇宙自身について考える何事かを表現している。いうなれば、ひとつの哲学は、宇宙の宇宙自身に対する非常に大きな反応である。〔…〕哲学者である私たちがそのなかに存在し、さまざまな理論を提出することによって、宇宙は、そうでなかった場合とは異なる仕方でみずからを所有し〔＝みずからのあり方を変え〕、異なる仕方でふるまうことになるかもしれない。(PU 143: 240. 強調は引用者による)

宇宙と私たちの関係は、ちょうどひとつの楽曲とそれを構成するさまざまな部分のようなものである。ある楽器やパートがいくつかの小節の表現法を変えると、曲全体の印象はがらりと変わる。曲全体が、そのような部分を持つものとして捉え返される。また、曲全体のイメージを変えようとすれば、各部にしかるべき調整を加えなければならない。このように、部分と全体とのあいだには密接な連関が存在している。これと同様に、私たちのあり方は世界のあり方の部分的な表現である。個人がある経験をし、ある哲学を語るということは、とりもなおさず世界がそのような部分を持ち、その部分をとおして世界が映し出されるということ、いいかえれば宇宙がそのようなかたちで自己を表現しているということである。こうして、各々の哲学は宇宙の自己表現なのである。

さらに、宇宙が自己を表現し理解するということには、宇宙がみずからの部分のあり方を理解するということも含まれる。そうなると、宇宙の部分である私たちのあり方も、その理解のなかに含まれることになる。したがって、私たちが宇宙を理解しようとするとき、その営みは私たち個人のあり方を表現するのみならず、宇宙自身がそのような仕方でみずからのあり方を理解し、宇宙自身のうちに映し出すことでもある。ところで哲学とは、宇宙を全体として捉える試みであった（SPP 10: 5）。そうであれば、哲学は、宇宙自身が哲学者という部分をとおしてみずからを全体的に捉え返そうとする営みでもあることになる。

このような全体と部分の相関関係を可能にしているのは世界の可塑性である。世界の可塑性とは、そのあり方が決定済みのものではなく、そこに新しい事実が生まれる可能性があり、しかもその可能性の実現が（少なくとも部分的には）私たちの行為によってなされうることを意味する。つまり、可塑的な世界とは、未来においてそこにどのような事態が生じるかということの決定に、私たちが参与することを許すような世界である。[21] このようにジェイムズによれば、この世界はそれ自体で完結しているわけではない。世界の構造は（部分的にではあるが）私たちのあり方によって左右される。このことをジェイムズは次のように述べる。

> 実在［＝世界］のあれ［＝世界があるということ］は実在そのものに属している。しかし、その何であるか［＝世界がどのようにあるかということ］はそのどれであるかにかかっており、そしてそのどれであるかは私たちに依存している。（P 118: 245）

たとえば自分の本棚の整理をするとき、私たちは、どのような仕方で本を並べ替え（著者ごとに分けるのか、ジャンルや本の形態でまとめるのかなど）、どの本を残しどの本を処分するかといったことを考える。そのとき、蔵書の存在（「実在のあれ」）は私たちの関心から独立しているが、どの本が必要でありどこに並べられるのがよいのか（「何であるか」、「どれであるか」）といったことは私たちの関心に依存している。このように私たちは、自分の関心という楔をこの世界に打ち込むことで、対比や強弱、明暗に満ちた世界を作り出すのである。[22]

この意味において世界は「なお形成中のもの」（P 123: 258）であり、そこには私たちの「人間的な寄与」（P 122: 255）を受け入れる余地がつねに残されている。[23] そして、世界が未完であるということは、そこに欠如や不足が存在するということである。しかしそれと同時に、この欠陥を減らす可能性もまた存在している。つまり、「世界というものは完璧な姿で必然的に成長するのではなく、〔私たちを含めた〕さまざまな部分の寄与によって少しずつ成長する」（P 139: 290）のである。

もちろん、世界の構造が私たちの関心に相対的であるからといって、私たちが好き勝手に世界のあり方を決められるわけではない。私たちが現実世界に関する何らかの信念や考えを抱くとき、そこにはたいてい実在からの強制や反発、抵抗があり、私たちが抱く諸信念の体系との調整がある。どれほど都合のいい空想を思い描いたところで、私たちの周囲に厳として存在する「感覚世界の威圧」と「過去から搾り取られた真理という投下資本の全体」（P 111-12: 234）とがそのような妄想を吹き飛ばすだろう。[24] ある考えが真理と呼ばれるには、これら二つの「巨大な圧力」（P 112: 234）に耐えることができなければならない。[25]

このように、私たちが世界に働きかけるだけでなく、世界も私たちに対して圧力をかけている。たとえば去年近所の土手で拾った小石は、文鎮としても使えるし武器としても使える。部屋に飾って観賞するということも不可能ではない（その場合は色を塗ったり模様を描いたりするかもしれない）。また、金槌などでその形状を変えることもできる（相当の抵抗があるだろうが）。こういった点に関しては、その石には可塑性があると言える。しかし、この石を枕として使おうとしても、それは無理な相談だろう。石の大きさがそれを許さず、また硬さもその用途にはまったく不向きである。同様に、この小石は漬物石としても使えそうにない。これを小石の側から表現すれば、小石もそのような仕方で私の理解や行動に影響を与え、そこに制限を設けているということになる。私は小石とのそのようなやりとりを通じて、自分の考えと行動を調整する。より一般的に言えば、世界と私たちが相互に影響を与えあうなかで、ともに変化していくということである。

それゆえ、世界の可塑性とは、私たちからの一方的な働きかけを意味するものではなく、双方向的なものである。[26]手持ちのお金がなければ、私たちは（たとえば）ＡＴＭを使い預金を降ろす。これは思考――「いまお金が必要だ」、「駅の近くにＡＴＭがある」など――でもって世界に働きかけることである。これに対して世界の側からも応答がある。預金残高が足りないとか、ＡＴＭが故障して使えないといった場合、「私はいま必要としている金額を持っている」という思考は真にならない。その思考を用いた行為――たとえば店で欲しいものを買う――は円滑に進行しないからである。だから、世界と協同できなければ、その思考は真にならない。「もし真理というものがあるべきならば、実在と、それについての信念との両者が、真理を作るために協力しなくてはならない」（MT 107: 101）。このように、ある考えや理論が検証され真になるということは、その考えや理論が、すでに完成された実在の正確な模写であることを確かめることではなく、その考えや理論を用いて「より明瞭な結果をもたらすために実在と協同すること」（MT 41: 33）から生じる事態なのである。

私たちは現実世界と手持ちの観念とを照合し、その観念がどこまで世界に通用し、どのような満足をもたらすかをテストする。その際に用いられるテスト方法は多様であるだろう。ジェイムズは次のように述べる。

プラグマティズムはどんなものでも進んで取り上げ、論理にも感覚にも従い、最も卑近で個人的な経験までも考慮しようとする。神秘的経験も、それが実際的な効果を持っている場合には考慮に入れられるだろう。（P 44: 88;

cf. SPP 19: 21)

哲学は、未完の宇宙が個人をとおしてみずからを表現したものである。哲学者が宇宙をいっそう十全に描くためには、複数のパースペクティヴによってこれを捉えていく必要がある。なぜなら、本章第1節で見られたように、ひとつひとつのパースペクティヴは有限だからである。宇宙の十全な描写という目標に寄与し、世界の一面を映し出すものであれば、どの描写法にも相応の地位が与えられるのである。

本節の議論をまとめれば以下のようになる。哲学はきわめて個人的なものでありながら、それでもなおその枠に閉じこもることなく、世界を変えていくことができる。なぜなら、第一に、哲学が宇宙の自己表現でもある以上、その哲学には宇宙全体が何らかのかたちで反映されているからである。第二に、自己表現をおこなっている当の宇宙は、成長途中のもの、可塑的なもの、「私たちによって最後の仕上げが加えられるのを待っている」(P 123: 258) ものだからである。最後に第三の理由として、宇宙と私たちは協同して当の宇宙を形成しつつあるという点が挙げられる。ある人が哲学を語ることは、歩いたり食べたりすることと同様、その人がおこなうひとつの行為であり、世界に対する働きかけである。しかも、哲学は世界を全体的に捉えるヴィジョンだったのだから、そのヴィジョンに応じて世界に対する姿勢も変化する。たとえば、微小な物質の運動のみを実在的とし、目的や理想といったものを顧みない唯物論者と、道徳的秩序を世々に維持する神を奉じる有神論的世界観の持ち主とは、世界に対する態度を大きく異にする (P 15: 23-25; PU 16: 19)。そして、個人の活動がおこなわれる場である世界の側からも、この働きかけに対する応答 (反発や圧力) があり、私たちの考えや行動に訂正を迫る。私たちと世界とのこのようなせめぎ合いが、ひとりの人間が哲学をするという営為である。ジェイムズが個人というものの重要性を強調してやまないのも、こうした考えに基づくからなのである。

いまや私たちは、ジェイムズ哲学の方法論である視点転換について、次のように述べることができる。視点の多様な取り方は相互に排他的な関係にあるのではない。また、表では一方を使うと言いながら、裏で他方を密輸する二枚舌でもない。そうではなく、それら複数の視点を自覚的に行き来すること、現実世界を描く方法としてあらゆるものを採用しうるということ、これがジェイムズの哲学上の態度であり、彼のプラグマティズムである。それゆえ、第1章で論じられたように、意識経験を記述するために内観的方法だけでなくそれを俯瞰する観察者の視点をも用いること、また第2章で論じられたように、所与としての純粋経験の流れを描写するとともに、その構造を存在論的に語る場所にも身を置くこと、こういったジェイムズの手法は、本章で述べられた彼の哲学観に基づくものだと言える。こうして、ジェイムズの経験へのアプローチが豊かな成果を生むものであることが理解されるのである。

第4節　経験を語る視点の存在——宇宙自身の思考とそこから生成する個人

それでは、こうした視点の複数性は純粋経験に基づく存在論といかなる関係を持つのか。いいかえれば、純粋経験を扱うジェイムズの方法は当の純粋経験のなかでいかなる身分を持ち、その存在論的基盤はいかにして確保されるのか。この問いをとおして、方法論と純粋経験論との相互補完的な関係が解明される。

第1項　視点と宇宙の思考

第2章で述べられたように、ジェイムズは純粋経験に基づく存在論および認識論をそれぞれの視点を使い分けながら展開している。そこで描かれたのは、複数の主体が中立的な実在の織りなすモザイク模様の展開として発生するという多元的ないし多中心的な宇宙の進化論であった。いいかえれば、世界と主体を純粋経験という同じ素材によって地続きのものとし、さまざまな関係と複数の主体的経験とから成り立つひとつの世界のあり様を描くことがジェイムズの宇宙論だった。[27]

では、純粋経験を語る際にジェイムズが用いる複数の視点は、純粋経験の世界のなかでいかなる身分を持つのか。ジェイムズは純粋経験を語る際に、一方で素材という視点、他方で所与という視点を用いる。純粋経験の整合性は、こうした視点の使い分けによって保持されていた。しかし、いまやこの視点自体のあり方が問われるべきである。視点は、素材としての純粋経験から独立に存在するものなのか。それとも、この視点も純粋経験から生成するものなのか。

第2章第2節で論じられたように、ジェイムズの企図は、すべての存在者を純粋経験という同じ素材からの生成物として記述することだった。そうであれば、純粋経験を語る視点（という存在者）も、この世界から遊離しているものではなく、この世界のなかに位置を占めていなければならない。そして、この視点とは、ある主体的経験、すなわち個別の自己に属するものだろう。ところで、個別の自己は素材としての純粋経験から生成するのだった（第2章第3節）。すなわち、純粋経験のある部分が別の部分に気づき、それを私有化することによって個別の自己が成立し、この自己がパースペクティヴの原点となり、中立的で渾沌としていた世界に序列――私に属するものとそうでないもの、〈ここ〉や〈そこ〉といった区別――を生み出すのだった。その際、主体のおこなう注意作用とそれに伴うパースペクティヴの転換が視点にほかならない。こうして、視点も純粋経験から生じた主体に属するものだということになる。それゆえ、視点の成立は純粋経験のなかに位置づけられる。

それでは、そのような視点が存在論的な純粋経験について語るという事態はいかにして可能となるのか。というのも、この点が解明されないとすれば、特定の主体の発生過程に関するジェイムズの語りそのものと純粋経験の存在論との関係、すなわち純粋経験の世界におけるジェイムズ哲学のあり方が曖昧なものになってしまうからである。

この問いに答えるために、ジェイムズが哲学および哲学者というものをどのように位置づけていたかを振り返ってみよう。哲学とは、「各人の全性格と全経験とによってその人に押しつけられた、生の全衝動の感じ方、生の流れ全体の見方」（PU 14-15: 17）だった。また、前節において見られたように、世界に対してそのような仕方で反応する哲学者は、「世界の親密な部分」(PU 21: 29) でもあるのだった。つまり、世界の一部である私たちが自身の住む世界をそれぞれの立脚点から描いたものが、ジェイムズの考える哲学である。しかもこの哲学は、宇宙がみずからを理解するためにおこなう「〔普遍性という点において〕至高の反応」(PU 21: 29; cf. SPP 10: 5) でもあった。そこから、宇宙による自己表現の一形態が各人の哲学であることも帰結するのだった。したがって哲学は、哲学者がみずからの個人的生を表現したものであるばかりでなく、世界がみずからを表現したものでもあり、しかもその個人は世界から独立した主体ではなく、世界の一部だということになる。

第2項　宇宙の思考とフェヒナーの「地球の魂」

さらに、ここで注目すべき点は、「もろもろの哲学は宇宙の親密な部分であり、宇宙が宇宙自身について考える何事かを表現している」(PU 143: 240) と言われていたように、宇宙がみずからについての思考を持つとされていることである。

では、この「宇宙自身の思考」とはどのようなものか。この点に関するジェイムズの記述は少ないが、この発言 (PU 143: 240) が『多元的宇宙』最終講におけるものであることを踏まえれば、同書第四講「フェヒナーについて」において論評されたグスタフ・テオドール・フェヒナー（一八〇一―一八七）の世界観と関連づけて考察することが妥当であろう。[28] ジェイムズはこの講全体をフェヒナーの思想の紹介に当て、みずからの世界観に近いものとしてきわめて好意的に論じている。[29] また、『多元的宇宙』に先立って、フェヒナーの著書『死後の生についての小冊子』(*Büchlein vom Leben nach dem Tode*) の英訳 (*Little Book of Life After Death*) に寄せた序文 ("Introduction to Fehner's *Life After Death*," 1904) においても、同じ内容をより簡潔に述べ、フェヒナーへの賛意を表明している。[30] そこで、これらの箇所で述べられるフェヒナーの「地球の魂」や「天体の魂」のあり方を概観し、ジェイムズが述べる「宇宙自身の思考」を考察するための補助線を引くことにする。[31]

まずフェヒナーの宇宙においては、人間以外の動物はもとより、植物、無機物も魂を持ち、さらには地球や太陽までもが魂を持っている[32]。世界は、色も音もない荒涼とした死せる物質の世界ではなく、内的に生きており、生気づけられている。いいかえれば、魂は、物質的世界のなかの小さな光点にすぎないのではなく、世界全体に広がっている。生命をごく一部の存在者にしか認めない前者の世界観が「闇の世界観〔Nachtansicht〕」であり、近代自然科学的な世界観である[33]。また、世界から神性を奪い、世界を単なる被造物の地位に貶めたという点で、キリスト教的な自然観でもある。フェヒナーはその生涯の大部分においてこのような世界観を批判しつづけた。これに対して、後者の生命に満ち溢れる見方が、フェヒナー自身の提唱する「光の世界観〔Tagesansicht〕」[34]である。すべての存在者は魂を持ち、生きている[35]。ジェイムズはこれを、「意識と物質的宇宙とは、一にして同一の実在の永遠不滅の両面である」(ERM 118) と要約している。

こうした汎生命論的な宇宙のなかで、私たちの通常の意識は、それを超えて広がる潜在的意識、さらには地球霊魂が持つ意識と連続している。このつながりは、最終的に、「宇宙全体の集約された意識」(ERM 119)、あるいは「絶対的に普遍的な意識」(PU 73: 119) にまで至るとされる。個人を空間的に限界づけている身体は、「地球の表面上に起こった小波のようなもの」(ERM 118; cf. PU 79: 131) にすぎない。私たちの身体はより一般的で包括的な地球の意識の要素なのである (ERM 119)[36]。

以上の世界観を打ち出す際にフェヒナーが用いるのがアナロジーであり、ジェイムズもこれを高く評価している。たとえば、私の身体は感情や意志の影響によって動かされる、だから、太陽や月、海や風は、もっと力強い感情や意志によって動かされるはずだ、といった具合である (PU 71: 116-17)。このアナロジーを進めていくと、意識は、通常の個体という枠を超えて広がり、結合し、地球の魂をも含む全宇宙の意識の結合体にまで至る。これがフェヒナーの神である。

フェヒナーによれば、私たちが住んでいるこの地球全体も、それ自身の集合的な意識を持っているに違いない。そして、太陽や月や惑星もそうであるに違いない。太陽系全体も、さらに広いそれ自身の意識を持っており、このより広い意識のなかで、私たちの地球の意識も一役買っているのである。だからまた、全天体系もその意識を持っている。そうして、もし全天体系が質料的に見て存在するすべてのものの総和でないとすれば、この全天体系は他のすべてのものとともに、宇宙の絶対的に全体化された意識の身体となっているだろう。ひとは、このような意識に神という名を与える。（PU 71: 117）[37]

ここでフェヒナーは、神を一元論的、絶対的に捉えているが、ジェイムズはこれを批判している（PU 71-72: 118）[38]。というのも、神を全知、全能、最善の存在者と考えると、この世界に悪が存在するのはなぜかという難問や、私たち有限な存在者との隔絶といった問題が生じるからである[39]。

こうした批判すべき点があるにもかかわらず、ジェイムズがフェヒナーを称賛するのは、その思想に世界の同質性ないし連続性という共通の論点が含まれているからである。「抽象的に述べると、この講義における私の目的にとって最も重要なフェヒナーの結論は、世界の構成が至るところで同一だという点である」（PU 72: 119）。この同質性およびアナロジーに基づいて、私たちの意識は地球の意識と結びつけられる。私たち自身が地球の一部であるように、私たちの感覚器官も、同時に地球の感覚器官である。だから、私たちの感覚器官をとおして、地球もまた知覚を持つ。私たちは、生きている限り地球の魂の知覚的生活に貢献する。これに対して地球の魂は、私たちの知覚をみずからの広大な領域のうちに取り入れ、そこにすでにあるデータと結合するのである。

地球はいわば全体において目であり耳である。私たちがばらばらに見たり聞いたりするすべてのものを、地球は一挙に見たり聞いたりする。地球はその表面に無数の種類の生物を生み出し、この生物が互いに対して持つ多様な意識的関係を、地球自身のより高い、より一般的な意識的生活のなかに取り入れる。（PU 73-74: 120-21; cf. PU 79:

130-31）

つまり、私たちの個々の有限な諸経験は、地球の莫大な経験のなかで融合しているのである。

それでは、以上のようなフェヒナーの宇宙論、とりわけ地球の魂についての議論を踏まえたうえで、ジェイムズが述べる宇宙自身の思考の内実を検討しよう。まず、両者のあいだには共通の特徴があると考えることができる。(40) 宇宙が思考を持つとすると、それが思考である以上、私たちの意識経験と共通した特性、すなわち明瞭な核と曖昧な縁暈を伴う時空連続体という特性があるはずである。くわえて、その思考は、私有化の主体となる部分（主我）に属するものだろう。ところで、主我とは、私有化以前の sciousness の流れにおいて、ほかの部分を眺め、それらの一部を自分のものとしてまとめあげる主体だった。そうであれば、宇宙は、みずからが思考する際に、他の部分を見渡し、そこに統一を与えるという主我の機能を持つことになる。このときに思考されている内容は、存在するものの総体、宇宙それ自身である。というのも、ジェイムズにおいて宇宙とは存在するものの全体にほかならないからである。つまり、宇宙は、その私有化作用において己を顧みていることになる。こうした総体が、宇宙の思考が持つ時空連続体としての内容なのである。

しかも、宇宙がおこなう私有化作用は、世界の生成変化を可能にするものでもある。一般に変化とは、あるものが特定の時点において持つ状態と、そのものがほかの時点において持つ状態とが比較され、そこに差異が見出されることによって成り立つ。そうであれば、第2章で考察された純粋経験の発展、すなわち渾沌とした純粋経験の内部で諸部分同士の結合が生まれ、潜在的だったものが現実化するという一連の変化の過程は、ある時点における世界の状態と、別の時点における世界の状態とが比較され、そこに差異が見出されることによって成立する。この比較を可能にするものが、素材としての純粋経験という世界そのものが持つ思考なのである。したがって、宇宙それ自体に備わる視点が、素材としての純粋経験の発展を可能にしている。

こうして宇宙は、自身の内部で生じる出来事をみずからの私有化作用をとおして捉える。この宇宙の思考が、もろもろの主体からなる多元的な宇宙をひとつのものたらしめ、そこにおける生成変化を成り立たせる。

私たちの「多宇宙〔multiverse〕」を依然として「ひとつの宇宙〔universe〕」である。というのも、各部分がすぐ隣の部分と切り離しえない仕方で互いに融合しているという事実によって、あらゆる部分はどれほど遠く離れた部分とも、現実的ないし直接的ではないにせよ、可能的ないし間接的には結びついているからである。（PU 146: 246）

つまり、宇宙がみずからの部分への気づきと振り返りを繰り返すことによって、内部での流動と世界の一性が成立する。反対に、宇宙の思考における私有化が宇宙自身をまとめあげない限り、現実および潜在という対比が生まれず、世界の状態同士の比較に必要な生成変化の起点および終点が設定されなくなってしまう。それゆえ、世界に思考と私有化作用が備わっていることは、純粋経験の発展、すなわち現実に起こっている流動と変化という「究極の事実」（ML 256）を可能にする事態であり、ジェイムズの議論に不可欠なものだと言える。こうして、個々の主体とその視点とを基礎づける素材としての純粋経験の発展をさらに基礎づけるのが宇宙の思考なのである。

以上のようにジェイムズ哲学においては、宇宙自身が思考を持ち、みずからを多様に表現する。その結果として生じたものが、個々の哲学者という主体およびその視点であり、彼らの思考である。これは、宇宙が哲学をおこなう主体という部分を生み出すことで、その部分によって自身を記述させるという意味で、宇宙の自己表現である。このことをジェイムズという哲学者の側から述べれば、彼がこの世界を語るという事態は、世界にそのような事態を成立させる部分があり、その部分が世界の自己表現をとおして生み出され、世界を映し返すということである[41]。つまり、宇宙——素材としての純粋経験の総体——が変化した結果、個々の主体とその視点とが発生し、今度はその主体が哲学を語り宇宙を捉え返す。主体がおこなうこうした秩序づけと組織化の一例が、ジェイムズの徹底した経験論なのである。ジェイムズは、自身の存在の根源である素材としての純粋経験からなる世界の構造を、このような仕方で明らかにしようとしているのである。

それゆえ、ジェイムズが用いる複数の視点は、純粋経験の世界から独立したものではありえない。『徹底した経験論論集』に収められた諸論文と同時期の一九〇三年から翌年に書かれた講義草稿では、ハーヴァードの同僚であるミュンスターバーグ（一八六三—一九一六）の言を引きながら、このことが明瞭に述べられている。

> ミュンスターバーグは、純粋経験〔reine Erfahrung〕という視点は生きるという視点であると述べている。私たちがそれについて語りつづけるとき、私たちは世界を、思考と事物、心理的対象と物質的対象〔…〕とに裁断せざるをえない。語ることが生きることの一種である限り、語る者自身は純粋経験の位置にいるのである。（ML 320）

すなわち、私たちが世界を語るということは、素材としての純粋経験であるこの世界において生じる事態である。それは、ほかの行為や活動と同じく素材としての純粋経験の一様相であり、私たちが宇宙を映し出す仕方のひとつである。同時に、このような諸活動は、私たちという部分をとおして宇宙が自身を表現する形態のひとつでもある。こうした〈私たちの活動＝宇宙そのものの発展および自己表現〉のなかで、素材としての純粋経験が、ある脈絡では物質的なものとしてふるまい、別の脈絡では心的なものとしてふるまう。また、世界を語る私たち個々の主体も、素材としての純粋経験から、気づきというかたちで発生する存在者である。だから、純粋経験から生まれた主体が世界を語り、捉え返すということは、その主体が純粋経験の世界を生きるということなのである。これが、哲学が宇宙の自己表現だということの真意である。こうして、ジェイムズの用いる方法も、純粋経験の宇宙の一部として位置づけられるのである。

第5節　ジェイムズ哲学の方法論と宇宙論との相互補完関係

以上の議論をとおして、ジェイムズ哲学に固有の構造が浮き彫りになった。哲学者とは素材としての純粋経験から発生した主体のひとつであり、哲学という営みは、その主体がおこなう秩序づけの作用のひとつである。このなかで、ジェイムズという主体は、純粋経験に対して複数の視点を用いてアプローチをおこない、その生成および構造を記述し説明する。その際、存在論的視点と認識論的視点という二つの視点は、純粋経験の発展の異なる段階を捉えるために用いられる。こうして、方法論における視点とそれによっておこなわれる哲学的営為とが、純粋経験という素材の発展のうちに回収される。したがって、方法論は純粋経験の変化ないし発展の説明によって基礎づけられているのである。

他方で、第1章と第2章で見たように、ジェイムズ哲学の方法論に着目することが意識論と純粋経験論をともに整合的に理解するための要であった。すなわち、意識論における単一性と自己論における複数性とを語り分け、純粋経験の二側面を存在論から認識論への発展として捉えるという統一的な理解は、複数の視点を用いるという方法論によって基礎づけられている。

ジェイムズ哲学はこうした基礎づけの相互性によって成り立っている。その方法論によって『原理』の議論および純粋経験論の整合的理解が可能となる一方で、純粋経験の二側面の統一的理解によって、純粋経験を語る主体とその視点の成立が説明可能となり、方法論の存在根拠が与えられる。いいかえれば、ジェイムズが用いる方法は、二側面を統合した純粋経験解釈によってはじめて基礎づけられると同時に、多様な視点という方法を取らない限り、ジェイムズの純粋経験に関する議論は整合的に理解されえない。このように、純粋経験論とジェイムズ哲学の方法とは相互に不可欠であり不可分なのである。

第5章　ジェイムズ宇宙論における信じる意志の合理性

これまでの議論によって、ジェイムズが展開した哲学の内実とその方法論が明らかになった。では、このような哲学的構想そのもの、あるいは、哲学をする者自身は、ジェイムズの宇宙論のなかでどのような位置を占めるのだろうか。つまり、前章までの議論をとおして示された純粋経験を基礎とする実在のなかで、ジェイムズという哲学者の位置と、徹底した経験論というヴィジョンの身分はいかなるものと考えられるのだろうか。こうした問いに答えることは、前章で考察した宇宙の自己表現形態のひとつであるジェイムズ哲学のあり方をより明らかにすることにつながるだろう。

そこで本章では、「合理性の感情」、「信じる意志」、「可塑的な宇宙」という三つの概念の関係を検討し、それらが有機的に連関し統一体を形成していることを示す。(1) はじめに、前章において明らかになったジェイムズの哲学観を、「合理性の感情」論文に基づいて再検討する。そこから、特定の哲学説を生む気質が合理性の感情と密接な関連を持つことが示される（第1節）。次に、こうした哲学観が『多元的宇宙』における哲学の系統図のなかで果たす役割を考察する。そして、この系統図に登場する複数の哲学的立場の優劣が、ジェイムズ自身の気質に従って判定されていることを確認する（第2節）。つづいて、このような考えに基づけば哲学説の選択が主観的な好みによって恣意的になされることになるのではないかという疑問を、「信じる意志」と関連づけて考察し、ジェイムズの信念論が恣意的選択を排除する構造を持つことを明らかにする（第3節）。最後に、以上のような信念の選択が、経験の過程のなかでつねにテストされていくものであり、そのテストを可能にする存在論的な基盤がジェイムズの宇宙論であることを見る（第4節）。

以上の議論によって、さまざまな個人の合理性の感情によって生み出された複数の哲学説が信じる意志に基づいて選択され、そこから生じる私たちの行為がこの世界と相互に影響しあうという円環構造が示される。

第1節　気質と合理性の感情

第4章第1節において見たように、ジェイムズによれば、哲学は個人の気質にも依存する。気質とは、どのような事柄を合理的と考え、どのような点を重視するかに関する、その人の傾向性であった(2)。そうであれば、気質という概念は、ジェイムズが合理性をどのように捉えていたかという問題とつながる。

合理性に関するジェイムズの考えは、『信じる意志、およびその他の一般向け哲学論集』（*The Will to Believe and Other Essays in Popular Philosophy*, 1897. 以下『意志』と略記する）に収められた「合理性の感情」（"The Sentiment of Rationality"）という論文に見ることができる。そこでは、合理性は私たちがある事物や事態に対して抱くある種の感情を含むものとして考えられている。

ジェイムズによれば、ある事柄を合理的と見なすための条件は、その事柄に対して私たちが抱く「くつろぎ、安らぎ、落ち着きの強烈な感じ」（WB 57: 88）である。私たちは「混乱や当惑を脱し、合理的な理解に達すると、ほっとした喜びが生き生きとみなぎる」（WB 57: 88）。

現在の瞬間についてのこの満足感、それが絶対であるという感じ——それを解明したり説明したり正当化したりする必要が一切見当たらない状態——こそ、私が合理性の感情と呼ぶものである。ようするに、どんな原因からにしろ、私たちがまったく滑らかに考えることができるようになるや否や、私たちの考えている事柄はその限りで私たちにとって合理的だと思われる。（WB 58: 89）

ここでジェイムズは、障害がなく、経験が滑らかに進行するという感じを合理性の感情と呼んでいる。私たちは日常生活のなかで、ある事柄に対して不可解さを感じることがある。たとえば、これまで時間通りに塾に来ていた生徒が、最近頻繁に遅刻するようになったとか、毎日睡眠を十分にとっているはずなのに、朝起きると疲れが残っており、日中も眠気に苛まれるということはありうる。私たちはこれらの事態を不可解だと感じる。ここで、先の生徒については、たとえば学校で文化祭の実行委員に選ばれ、その会議や準備のために帰りが遅くなっているという説明が与えられ、後者の疲れがとれない人については、じつは睡眠時無呼吸症候群になっているという説明がなされるとしよう。そうすると、私たちがその事態に対して抱いていた違和感は消え、腑に落ちる感じがする。これがジェイムズの述べる「合理性の感情」である。

こうした合理性の感情を獲得する仕方はさまざまである（WB 58: 89）。そのなかで、この感情を得る「理論的な仕方」（WB 58: 89）が哲学説の構築である。それは、経験の多様性を単純なかたちにまとめようという「哲学的情熱」（WB 58: 90）を満足させるために、私たちが多くの事例に適用できる概念や理論を考案する営みである。そして、どのような哲学説に合理性の感情を覚えるかは個人の気質によって異なる。

人間のもろもろの行動的衝動［＝ある対象や行為に対して感じる強い欲求］は非常に多様に混合されているので、これこれの点においてビスマルクにふさわしい哲学は、確実に、虚弱な詩人にはふさわしくないだろう。（WB 75: 118）観念論は情緒的な性分〔constitution〕の人間によって選ばれ、唯物論は別な性分の人間によって選ばれるだろう。（WB 75: 119）

ここで「行動的衝動」の混合体や「性分」と呼ばれているものは、前述の気質にほかならない。つまり、ある人が何に対して合理性の感情を覚える傾向にあるのかがその人の気質を示すのである。この気質は、生まれや習慣、好み、周囲の環境など、さまざまな要素を混ぜ合わせたものであり、個人によって異なる。それゆえ、ある気質の持ち主には合理的だと感じられるものが、別の気質の人にはそうでないと感じられることもある。このように、個人の気質は、その人がどのような哲学説を好むかということに影響を及ぼす（WB 75: 118）。こうしてジェイムズによれば、合理性の感情を覚える傾向性としての気質がまずあり、次にそれを満たすような哲学説が「知性と意志と嗜好と情念とが協力しあって」（WB 77: 123）構築され、それによって合理性の感情が実際に得られるという構図になる。

このような合理性の理解に基づけば、抽象的な概念を扱う理論的合理性は特権的なものではない。それはほかの目的や関心と同列に置かれる。したがって、ほかの目的が優先されることもある。

理論的合理性に対する関心、あれこれの同一性を確認することによって感じられるほっとした気持ちは、人間の数多くの目的のひとつにすぎない。ほかの目的が頭をもたげれば、理論的合理性は小さな包みをまとめて自分の番が再び回ってくるまで引き下がらなければならない。（WB 62: 95）

ジェイムズの議論においては、理論的な合理性は唯一の基準ではなく、私たちが抱く多くの関心や目的のうちのひとつにすぎないのである。以上の考察によって、哲学は各人の気質の表れであるがゆえに、どのような対象に合理性を感じるかという個人の傾向性がそれぞれの哲学説の構築において大きな役割を果たすと考えられていることが明らかになった。

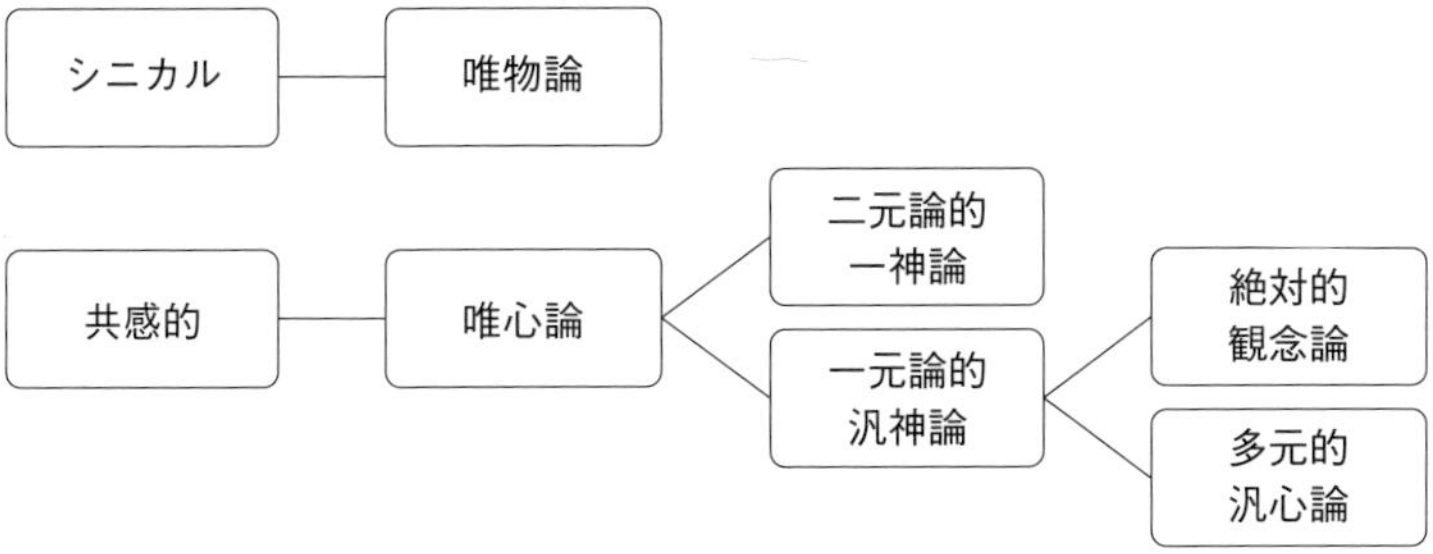

哲学の系統図

第2節　気質によって選ばれるヴィジョン——哲学の系統図を巡って

こうして生み出されたもろもろの哲学的立場は、親密さというジェイムズ独自の基準によって分類され、優劣を判定される。本節では、『多元的宇宙』第一講における哲学的立場の分類および選択に関する議論の概観をとおして、この点を明らかにしよう。

前章で述べられたようにジェイムズは、哲学を、個人が世界および生に対して抱くヴィジョンだと見なす。ジェイムズは、「どの結論もみな、多かれ少なかれ個人的なヴィジョンに基づく偶然性を持つ」（PU 10: 9）とも述べている。

このようなヴィジョンには大きく分けて二つのタイプがある。

おそらく最も興味深い対立は、共感的な〔sympathetic〕気質とシニカルな〔cynical〕気質と私が最近呼んでいるもののあいだの争いから生じる対立だろう。（PU 15-16: 19）

存在するもの同士のつながりを重視するのが「共感的な気質」であるのに対して、事物間の差異や個別性に重きを置くのが「シニカルな気質」である。哲学説を構築する初発の段階においては、こうした気質の相違がまずあり、ここから複数の哲学的立場が生じ、その立場もさらにいくつかに分岐する。ジェイムズの議論に即してそれを図示すれば、上のようになる(3)。

これらのヴィジョン同士の優劣はどのようにして決定されるのだろうか。ジェイムズはその基準として「親密さ〔intimacy〕」(PU 16: 19) を提示する。これは、人間同士の打ち解けた関係を表すだけでなく、人と事物や事物同士の同質性、類縁性、連続性、さらには相互作用をも表す包括的な概念である。その対義語に当たるのは「よそよそしさ〔foreignness〕」(PU 19: 26) である。これは関係項同士の隔絶したあり方や、絶対的服従を求める統治者とその臣下の間柄のように、一方的であって相互的ではない関係を表す (PU 17: 21-22)。

『多元的宇宙』においては、こうした親密さの度合いによってもろもろの哲学的立場が分類され評価される[4]。ジェイムズによれば、あるヴィジョンがほかのヴィジョンより優れているのは、それが世界と私たちをいっそう親密な関係に置いてくれるからである。たとえば、あるヴィジョンがほかのヴィジョンよりも世界のなかの具体的なものを重視する場合、前者は、私たちにとってより近しいものに重きを置く世界観を提示するという意味で、より多くの親密さを備えたヴィジョンだということになる。

以下では、親密さに基づく哲学説の分類の過程を、各ヴィジョンの細部には立ち入らず、それぞれの立場における親密さの違いをジェイムズがどのように捉えていたかという点に限定して概観しよう[5]。

はじめに、二つの気質 (シニカルおよび共感的) から二種類の哲学が生じる。シニカルな気質から生まれるのは、世界を物質的存在とその運動のあり方に還元する唯物論である。物質同士の盲目的な運動が支配する世界においては、精神的なものはその片隅に追いやられ、単なるよそ者として扱われる (PU 16: 19, 19: 26)。他方、共感的な気質からは唯心論 (spiritualism) が生まれる。そこでは、精神的なもの、すなわち人間が抱く目的や理想といったものが「非情なものを取り囲み、かつその底にある」(PU 16: 19) と主張される。ジェイムズはこれら二つのヴィジョンを比較し、唯心論のほうにより高い親密さを認める (PU 16: 19, 19: 25-26)。なぜなら、唯心論は私たちの精神的な側面を世界の側にも認めることによって、人間と世界の連続性を強調する世界観だからである。

次に、唯心論自体も、神に関する考えに応じて二つの種に分かれる (PU 16: 20)。それが二元論的一神論 (dualistic theism）と一元論的汎神論（monistic pantheism）である。ここでもジェイムズは二つのヴィジョンのどちらがより親密な世界観であるかを比較し、汎神論に軍配を上げる。なぜなら、一神論が神と人間を異質な存在者、「相互にはっきり区別された存在者」（PU 16: 21）として描くことによって両者のあいだに断絶を設けるのに対して、汎神論は神を人間と同質のものと認め、人間の生を神という実在の本質的な部分と考えるので、神と人間がより近しい関係に置かれる（PU 19: 25）からである。[6]

さらに、汎神論的な立場にも、その世界観に応じて二つの下位区分が認められる（PU 20: 28）。一方は一元論的汎神論であり、絶対者がすべての存在者を包摂し関係づけるので絶対的観念論とも呼ばれる。[7]他方はそうした絶対者を拒否する多元的な汎神論であり、「宇宙の多元的汎心論的な見方［pluralistic panpsychic view of the universe］」（PU 141: 238）とも呼ばれる。これは、ジェイムズ自身の哲学的立場である徹底した経験論である。この二つのヴィジョンの主な相違は、先の一神論と汎神論の対立と同様、人間とそれを超える存在者との関係にある。ジェイムズによれば、絶対的観念論における絶対者は、私たちとの共通点を一切持たない「形而上学的な怪物」（PU 26: 37）である。この点において絶対的観念論は、先の二元論的一神論に見出されたのと同様のよそよそしさを持つ。[8]

これに対して、ジェイムズが最も親密な世界観だと考えたのが、絶対者の代わりに「有限な神」を置く多元的汎神論である。[9]この世界観において、神は有限な存在であり、私たちと同様世界の一構成員にすぎず（PU 54: 87）、一切を包含するものではなくなる。この神は能力と知のいずれかあるいは両方において限界を持つので、みずからの目的を実現するために私たちに協力を呼びかけてくる超人間的な存在者だとされる（PU 60: 98, 141: 236）。このような神であれば、私たちの側からの寄与を受け入れることができる。したがって、多元的汎神論においては、神と人間の能動的な交流が可能になり、より高い程度の親密さが実現されうる。[10]

このように、ある世界観に備わる親密さを強調することは、個人が抱く親近感のような主観的なものを重視することに留まらず、存在者同士の結合の度合いに関する存在論的な主張をも含んでいる。ジェイムズが目指したのは、こ

うした親密さに基づく宇宙論だったのである。(11)

系統図を辿る以上の過程において注目すべき点は、図中のそれぞれの対立において一方が選ばれる際、そこにジェイムズ自身の気質が反映されているという点である。すなわち、複数の世界観に含まれる親密さないし連続性という特徴を、よそよそしさないし非連続性という特徴よりも重視するという価値評価は、ジェイムズの合理性の感情に基づいてなされている。

たとえば、系統図の分枝を検討しながら、ジェイムズは「宇宙との親密な関係を要求しなかったり、そういう関係が満足のいくものであることを望まなかったりすることは、何かがまずくいっている証拠と考えなくてはならない」（PU 20: 27）と述べる。ここでは彼自身の気質が表明されている。というのも、かりにある人が「宇宙との親密な関係」を望まないとしても、そのような態度がそれ自体として間違っていることにはならないからである。にもかかわらず、そうした態度を「何かがまずくいっている」と評価するためには、ジェイムズ自身の価値観がそこに入り込む必要がある。つまり、この引用では、ジェイムズは私たちと世界とのあいだに親密さを認めない哲学に対して合理性の感情を抱かないということが表明されているのである。

それゆえ、唯物論か唯心論かという初発の選択において、ある人がジェイムズと意見を異にするという事態は十分に想定可能である。そのような場合、それは両者のあいだに気質上の相違があることを意味する。(12) さらに、系統図のその後の展開においても、一神論や絶対的観念論のほうにより大きな共感を覚える人もありうる。実際『プラグマティズム』においては、有限な被造物とはまったく異なった、全知、全能、最善の創造主という観念に大きな魅力があることが認められている（P 41: 81, 131-33: 272-76）。これに対してジェイムズ自身は、被造物と神を隔絶したものとして提示するそのような世界観ではなく、神を含めた存在者同士の連続性をより強く主張する親密な世界観を支持する。ここにもジェイムズ自身の気質が働いている。(13)

ジェイムズはこうした点を自覚しており、各人の気質に応じて異なる立場が選択される可能性を認めている。したがって、自分とは別の立場に傾く人の考えを強引に変えようとはしない。

> 私が何を言おうとも、あなた方はそれぞれ自分の合理性の感覚が赴くところや傾く先に応じて多元論［＝多元的汎神論］を取るなり捨てるなりするだろう。私が強調したい唯一の事柄は、多元論が一元論［＝絶対的観念論］とまったく対等な仮説だということだけである。（PU 148: 248, 強調は引用者による）

ジェイムズは自身の立場を絶対的なものとして提示しているのではない。彼は多元的汎神論が一元論の対等な候補になりうるということを指摘しているのである。

では、どのような立場に合理性を感じるかが個人に相対的なものだとすると、自分が合理的だと思うものはどんな立場であれ好きに選んでかまわないのだろうか。もちろんジェイムズはそのような皮相な相対主義を擁護してはいない。この点について考察するために、立場の選択と信念に関するジェイムズの考えを、節を改めて論じよう。

第3節　信じる意志と哲学の系統図

本節においては、「信じる意志」論文を中心にジェイムズの信念論を検討したうえで、それを前節で示された哲学の系統図に適用することで、ジェイムズによる哲学的立場の選択の内実を明らかにする。

第1項　信じる意志が正当なものとされる条件

「信じる意志」論文は、「私たちが宗教上の事柄を信じる態度を取る権利の擁護」（WB 13: 3）を目的としたものである。この論文においてジェイムズは、英国の数学者、哲学者であるW・K・クリフォード（一八四五―七九）らによる懐疑論や、宗教的信仰を不当なものとして否定する当時の思潮に対抗して、十分な証拠が得られない信念であっても、それが私たちの生および世界の意味に関わる重要な信念である場合、ある条件のもとではそれを信じることが正当化されうると論じている[14]。

ではその条件とは何か。それは、二つの仮説[15]の一方を選ぶとき、その選択が「正真正銘の選択〔a *genuine* option〕」（WB 14: 5）だということである。ジェイムズによれば、この正真正銘の選択は次の三つの要素から構成される。

（一）「生きた〔live〕」選択であること――これは、提示される二つの仮説が、ともに「生きた仮説」、すなわち「それが提示される当事者に対して本当に可能なものとして訴えてくる仮説」（WB 14: 5）である場合を指す。反対に、そのような力を持たない仮説は「死んだ仮説」と呼ばれる。たとえば、私たちはいま財布に入っている二枚の一ドル紙幣が本当は一〇〇ドル紙幣なのだと口にすることはできるだろうが、それを生きた仮説としてまじめに信じることはできないだろう（WB 15-16: 8）[16]。

（二）「強制された〔forced〕」選択であること――これは、二つの仮説のいずれをも選択しない可能性がまったくない、「完全な論理的選言に基づくあらゆるディレンマ」（WB 15: 6）のことである。たとえば、「この真理を受け入れるか、さもなければそれなしで済ませろ」という要求には、保留という第三の選択肢がない。なぜならこの場合、保留することはすなわち選言の一方――その真理を受け入れずに済ますこと――を選ぶのと同じになるからである（WB 14-15: 6）。

（三）「重大な〔momentous〕」選択であること――これは、どちらの仮説も不朽の事業や唯一無二の機会を提供するケースである[17]。反対に、その機会が唯一無二でないときや、賭けたものがたいしたものでないとき、あるいはあとからその決定を取り消せるときには、その選択は「取るに足りない〔trivial〕」（WB 15: 7）と呼ばれる。

そのうえでジェイムズはみずからの主張を以下のように述べる。

命題間の選択が、その性質上知的根拠に基づいては決定されえない正真正銘の選択である場合にはいつでも、私たちの感情的本性〔passional nature〕が決め手になることは合法的でありうるだけでなく、むしろそれこそが決め手にならなければならない。というのも、こうした状況のもとで「問題を決定せず未解決のままにしておけ」と言うことは、イエスかノーかを決めるのとまったく同様に、それ自体ひとつの感情的な決定であり、したがってそれは、真理を失うリスクを〔選択がなされた場合と〕同様に伴うからである。（WB 20: 17. 原文は全体が斜字体だが、ここでは必要な部分にのみ傍点を付した）

ここで述べられているように、ある選択肢を感情に基づいて信じること——信じる意志を用いて特定の仮説を信じること——が正当とされるのは、あくまで知的探究を尽くしたうえで、それでも十分な証拠を得ることが不可能な場面、しかも保留できない切迫した場面での選択であり、ジェイムズが論じているのは、そのような状況において私たちが特定の選択肢を採ることの正当性である[18]。それゆえ、選択が正真正銘なものであることに加えて、知的根拠に基づいては決定できないということを、信じる意志を行使するための第四の条件に入れることができるだろう[19]。また、信じる意志に基づく選択は、このような制約のもとではじめて正当なものとされるのだから、どのような選択をもこの意志が正当化するわけでないことは明らかである（WB 80-81: 129）[20]。

第2項　信じる意志に対する誤解

ところが、信じる意志が正当なものとなる以上の条件——知的根拠に基づいては決定できない正真正銘の選択であること——が見落とされることで、これまで多くの誤解が生じてきた[21]。たとえば、ジェイムズの主張は希望的観測を気ままに許し、ひとが偏見に固執することを助長するものだといった批判や[22]、常識的に見れば不可能なことであっても信じてよいという主張だとする批判である[23]。明らかに、これらの批判はジェイムズが設けた上記の条件を見落としているため当を得たものとなっていない[24]。実際ジェイムズは『意志』の「はじめに」のなかで、いいかげんな信念こそ自分の批判対象であると明言している。

人類全体に欠けているのは批判精神と慎重さであって信仰ではないということに、私は全面的に同意する。人類の基本的な弱点は、鮮烈な考えに対して無闇に信念を従わせてしまうことであり、その考えの背後に本能的な好みが潜む場合にはとくにそうである。〔…〕このような〔軽々しく信じてしまう〕聴衆に一番必要なのは、彼らの信仰が粉砕され、そこに風穴が開けられることであり、科学の北西風が彼らの信仰のなかに吹き込み、その病弱さと野蛮さを一掃することである。(WB 7: 4-5)(25)

ここから明らかなように、ジェイムズは、知的不誠実さに基づく熱狂的信仰や無批判的な態度が科学的知によって排除されるべきであり、問題となっている仮説に対する証拠を真摯に探し求め精査することこそがまずもって必要だと考えている(26)。したがってジェイムズは、感情以外の信念形成の要因である知性や科学的営為、自然科学の体系、外的事実を縛る法則といったものを無視する人は「狭量な感傷家」(WB 17: 11)にすぎないと批判する(27)。

むしろ、ジェイムズが信じる意志を擁護するのは、こういった人々とは反対に、ある段階における最大限の証拠が揃っているにもかかわらず、誤りに陥ることを恐れるあまり信じることができなくなっている臆病な懐疑論者、すなわち「真理については何か科学的証拠と呼ばれるものが存在し、それに仕えることによって難破のあらゆる危険性を避けなければならないという考え」(WB 7: 5)に囚われている人に対してであって、すぐに信じてしまう軽率な人間ははじめから考慮の対象ではないのである。

第3項　系統図への適用と主観的要素の除去不可能性

ジェイムズは『多元的宇宙』において、以上のような信じる意志を哲学の系統図(とりわけ、絶対的観念論と多元的汎神論との対立)に適用し、哲学的立場の選択における信念の役割を明らかにしている。

こうした〔一元論か多元論かといった〕選択肢の選択は、往々にして、ひとが蓋然的な事柄について抱く一般的ヴィジョンによって決められる。それらの選択肢は、私がかつて論じた「信じる意志」〔を行使する場面〕の実例となる。（PU 148: 249）

この場面で信じる意志を用いることが正当であるのは、どちらの哲学説を選ぶかということが正真正銘の選択であり、しかも知的根拠に基づいて最終的に判定することができない問題だからである。[28] もちろんジェイムズは、多元的汎神論という選択肢を軽率に採用するのではなく、『多元的宇宙』という著作全体をとおして、対立項である絶対的観念論を精査し、絶対者という概念の不合理性を明らかにしようと努めている。そのような探究を尽くしたうえで、ジェイムズはみずからの信じる意志によって多元的汎神論を選ぶのである。

しかし、ここで次のような疑問が浮かぶ。なるほどジェイムズは信じる意志の行使にいくつもの制限をかけている。けれども、私たちが自分の置かれている状況を、正真正銘の選択が迫られ、知的根拠に基づいては決定できないものだと認定するとき、そこには主観的要素が入り込まざるをえないのではないか。

先に引用したように、ジェイムズは、ある選択が「知的根拠に基づいては決定されえない正真正銘の選択である場合」（WB 20: 17）には、信じる意志によって特定の選択肢を選ぶことが正当とされると主張する。しかし、自分が当面している選択を、「知的根拠に基づいては決定されえない」と判断するのは誰だろうか。ほかならぬその選択をおこなう当事者である。そうであれば、当事者に応じてその判断が異なることは十分にありうる。たとえば、ピーターとポールがある二つの仮説に対する証拠を探しており、これらの仮説の選択は、二人にとって正真正銘の選択であるとする。さて、二つの仮説に対する証拠がそれぞれ見つかるとしよう。だが、どの証拠も決定的ではなく、一方の仮説の正しさを万人に納得させるものではない場合が考えられる。そのとき、ピーターは「まだ知的探究が足りない」と思い、二つの仮説に対するさらなる証拠を探しつづけるかもしれない。つまり、ピーターは、現在の状況を信じる意志の行使が正当化されるものとは見なしていないことになる。他方ポールは、同じ状況に直面したとき、「たしかに証拠は不十分だが、できることはすべてやった。これ以上の検討は無駄である」と見切りをつけるかもしれない。その場合ポールは、二つの仮説のいずれが真であるかを、知的根拠に基づいては決定されえない事柄だと考えていることになる。このような場合、ジェイムズの議論によれば、ポールが自分の信じる意志に基づいて一方の仮説の正しさを信じることは正当となる。

ここで注意しなければならないのは、探究を続けるピーターの判断と、決断に踏み切るポールのそれのどちらも、当人の主観性によって影響を受けているという点である。なぜなら、現在の状況をどのように見るかは、当事者の知的能力や気質に応じて変わりうるからである。したがって、ポールだけが信じる意志を行使しているのではない。さらなる証拠を探しつづけるピーターの判断にも、彼自身の価値観、すなわち合理的根拠を最大限に求めることが最重要だという個人的な信念が含まれている。つまり、「科学自身でさえ、事実の確定と誤った信念の訂正とを限りなく続けていくことは人間にとって至高の善であると断言するとき、自分の心情に問い合わせている」(WB 27: 32, 強調は引用者による)のである。(29)

そうであれば、「自分の依拠する証拠が本当に客観的な性質を持つという確信は、主観的意見の全体に付け加えられたもうひとつの主観的意見にすぎない」(WB 23: 23)ことになる。つまり、信じる意志の行使を正当化するための条件である知的根拠による決定不可能性の判定には、当事者の「主観的意見」が反映されており、しかもこの主観的意見は当事者ごとに異なりうるのである。

さらに、正真正銘の選択を構成する要素である「仮説の生死」のなかにも、当事者に相対的なものが含まれる。すなわち、「仮説の生死はその仮説に固有の性質ではなく、それを考える個人に対する関係」(WB 14: 5)なのだから、ある人にとっては生きた仮説だが、別の人には死んだ仮説であるようなものがありうることになる。(30) ある仮説を生きたものとして受け取る人には正真正銘の選択が迫られていると思われる状況であっても、その仮説を死んだものと見なす人にはそうではない。このことからも、信じる意志に基づいた行為の正当性が、当事者に相対的なものであることが分かる。(31)

このようにジェイムズの議論においては、原理的には、各人が各々の判断に基づいて信じる意志を行使することが正当化されることになる。

第４節　選択の検証とジェイムズ宇宙論

前節までの議論をとおして、哲学的立場の選択が信じる意志に依拠してなされることが明らかとなった。また、信じる意志の正当性を担保する条件（知的根拠による決定不可能性および選択の正真正銘さ）に当事者の気質ないし合理性の感情が反映されることも判明した。そうなると、ジェイムズは哲学的立場の選択が各人各様の気質という主観的なものによって左右されると述べているのだろうか。本節では、この問いを足掛かりにして、信じる意志によって選択された立場がどのように検証されるのか、そしてその検証作業がジェイムズの宇宙論とどのような関係を持つのかを論じる。

第１項　選択の責任

ジェイムズの信念論を踏まえれば、哲学的立場の選択に主観的要素が影響を与えることは避けられない。しかし、他面においてジェイムズは、そのような選択は気ままになされるべきではなく、立場を選ぶものは誰であれ、その選択の結果を引き受けなければならないとも論じている。

説かれるべきは責任を負った勇気である。〔…〕私が説いたのは、自分自身の責任においてみずからの個人的信

仰に没頭する個人の権利である。(WB 8: 5)[32]

ジェイムズはここで、個人が自分勝手に選択することを擁護しているのではなく、信じるという営為が正当であるのは、当人が選択の結果を引き受けるという責任を負う限りにおいてであると述べている。もちろん、責任を回避し、信念に基づいた自分の行為が引き起こした結果から目を背ける人もいるだろうが、ジェイムズはそのような選択をよしとしているわけではないのである。[33]

さらに、私たちは行動の結果によってそれまでの信念を修正し、それを状況に適合するものに変えていく。それゆえジェイムズは、「信仰は作業仮説と同義」(WB 79: 126) だと述べる。ある仮説がすぐに論駁されるものなのか、それとも長い年月にわたって確証されつづけるものなのかは、経験の推移のなかでのみ決定される。たとえば、「友人の某は時間をきちんと守らない人だ」という私の信念(仮説)の真偽は、その人との交友関係を継続し、毎回の集合時間にその友人が間に合うかを私が確認したり、その人の言動を第三者から聞いたりするといった経験のなかで変わりうる。その結果、ある日を境にその友人が時間を厳守するようになったり、私以外の人との約束には遅刻したことがないと判明したりするかもしれない。そうであれば、私の当初の信念は偽となり、修正を迫られるだろう(「あの人は私との約束に関してだけ時間を守らない人だ」というように)。このように、「経験しつづけること、および経験について考えつづけることだけが私たちの意見をより真実なものに育てうる」(WB 22: 21) のである。[34]

そうであれば、「現在の状況は正真正銘の選択をなすのにふさわしい状況だ」という判断自体も誤りうるものだと言える。いったん信じる意志の行使が正当化されるように思われたとしても、その判断の正しさが永久に保証されるわけではない。同様に、親密さを重視するという本章第2節で指摘したジェイムズ自身の信念も、あくまでひとつの仮説であり改定の可能性がある。[35]

このように、自説に固執せず、そこに改定ないし修正の余地がありうることをつねに認めながら特定の説を選択し信じることが、哲学者としてのジェイムズの態度である。[36]「私たちは時々刻々、〈かもしれないこと〉に自分の一身を賭けることによってのみ生きている」（WB 53: 81）[37]のである。それゆえ、信じる意志の行使が最終的には個々人の判断に委ねられるとしても、重要なのは、その判断において結果に対する責任が発生し、それを受け止めるなかで自分の信念を柔軟に修正していくことなのである。

第2項　信念の検証と世界の可塑性

さて、行為者の選択がいかなる事態を引き起こすかは、その世界のあり様によって変わりうるだろう。そして、行為者が住む世界としてジェイムズが描いたのは、第4章第3節において述べられた可塑的な宇宙であった。すなわち、私たちによる多様な扱いを許容し、またそれに対して独自の反応を示す世界が、私たちの住む世界だった。この世界のなかで生じる経験とは、私たちが世界に触れたときに、その触れ方に応じて現われる世界の側からの反応、反発、抵抗にほかならない。そして、この世界のなかで私たちが信念を抱き、それに基づいて行為をし、その結果世界から何らかの応答を受け取り、それによって当該の信念の取捨選択をするという一連の過程全体が検証であった。[38]

たとえば、絶対者による世界の統治という世界観の持ち主は、世界に起こるもろもろの事象をすべて絶対者によるものと捉えるだろう。その人は、自然災害や犯罪など、私たちには悪にしか見えないような事態をも絶対者によって創られた最善世界の不可欠な部分と見なし、そうした悪をなくそうという現実的な行動を取らないかもしれない。しかし他方で、世界には劣った部分があり、その部分は私たちの行動によって修正可能であるとする改善論的な世界観を持つ人は、同じ事態に直面したとき、絶対主義者とは異なった行動を取るだろう。ここに、世界観に基づく行動上の実際的な差異が生じる（SPP 115-17: 203-206）。

そして、事態の推移のなかで、改善論的なヴィジョンが述べる主張と現実に起こる悲惨な事態との齟齬があまりにも大きくなった場合、その世界観は捨てられるかもしれない。あるいは頑なにそれを信じつづける人もいるかもしれない。いずれにしても、問題になっている世界観と現実世界からの応答とが比較され、その人のより満足するほうが選ばれる。このように、あるヴィジョンを選び、それに基づいて行動した結果、世界の側から応答ないし反発があり、そうした未来の経験をとおしてヴィジョンの妥当性が判断されるのである。

もちろん、他者との相互理解を諦め、自分の信念のみに従って行動する人もいるだろう。ジェイムズもそのような態度を否定しない。しかし、私たちには、相互理解を断念する権利があるのとまったく同様に、改善論を選ぶ権利もある。そしてジェイムズ自身、みずからの「信じる意志」を用いて改善論を選ぶのである。「私は、この宇宙が本当に危険で冒険的なものであるからといって、逃げ出したり「待った」と叫んだりせずに、進んでそれを受け入れようと思う」（P 142: 296; cf. P 137-38: 285-87）。

他方、ジェイムズ哲学において、世界はそれ自体で完結したものではなく、「なお形成中のもの」（P 123: 258）だった。したがって、私たちの住む世界は、私たちの信念に修正を迫るものを対抗させてくる世界であると同時に、未来の決定に関しては私たちの側に一定の統御を認めてくれる可塑的な世界なのである。それゆえジェイムズは次のように述べる。

もし私たちが宇宙の不可欠な部分であり、宇宙全体の特質を、みずからのふるまいによってほかの要因と協同して決定するもの〔co-determinants〕であるとすれば、信仰は宇宙の形相因であると見なされてよいだろう。（SPP 113: 199）

私たちの信念と行為は世界のあり方を変え、世界がどのようなものであるかを（部分的に）決める。それは、信念に基づいた私たちの行動が「補完物」（WB 88: 142）となり、世界に新たな一面が生成するということを意味する。そうであれば、私たちの選択と行為が世界に変化や新しさをもたらすことができるのは、世界が完成した静的なものではなく、いまだ完成の途上にあるからだと言える。すなわち、宇宙が「なお冒険を追い求めている」（P 123: 258）

からこそ、個人の気質やヴィジョンが宇宙のあり方を変え、新たなものを生み出せるのである。さらに、信じる意志および合理性の感情が個人によって異なり、ひとつに収斂しないことも、絶対者のような特権的な視点を認めない多元的で可塑的な宇宙という世界観を背景にすれば容易に理解できる。したがって、ジェイムズの信じる意志に基づく信念論を存在論的に基礎づけるのが、可塑的な宇宙論なのである。こうして、ジェイムズの信念論と宇宙論との密接な連関が明らかになる。(39)すなわち、それぞれの哲学を宇宙の自己表現として捉え、素材としての純粋経験によって生成変化を記述することは、改善論の基礎になっているのである。

私たちは、不確定で可塑的な世界において、各人が有するその時点での合理性の感情に基づき、信じる意志を用いて道を選び、行為する。その行為が世界に影響を与え、新たな事実を生み、私たちも実在からの応答を受け取る。それによって私たちはみずからの選択と判断の妥当性を検証し、修正を重ねていく（P 107-108: 225-26）。つまり、「哲学と実在、理論と行動とは、同じ円環のなかを無限に進んでいく」（PU 149: 250）。このように、実在と理論と実践とが相互にフィードバックしあう円環構造(40)が、ジェイムズ哲学における合理性概念の検討から浮き彫りになった。

結論　ジェイムズ哲学の多角的理解に向けて

本書の議論をとおして、ジェイムズ哲学の方法論に着目することがその整合的な理解に欠かせないことが明らかになった。最後に、これまでの議論を振り返り、ジェイムズ哲学の全体像を概観しよう。

第1章では、『心理学原理』における意識論と自己論との対立が検討された。ジェイムズは一方で、私たちの意識の流れが単一で、原初的な連続性を持つものであることを強調するが、他方で、意識経験の複数性を前提とし、それらの経験同士があとから結びつくことで自己が成立するとも論じている。意識の連続性が原初的なものか、それとも派生的なものかをめぐるこうした対立が、『原理』の整合的理解を妨げてきた。さらに、自己論を単独で考察してみても問題点が見出された。すなわち、ジェイムズが提示する「諸経験のなかで暖かみという特性を持つものの集合が自己である」という規定は、知覚や想起という経験の内実に即する限り、空虚なものになる。というのも、それらの経験においては、特定の性質の有無にかかわらず、現われるものはすべて私のものであらざるをえないからである。このような対立および問題点を解決するには、ジェイムズが意識経験に対して一方で内在的な見方を取り、他方で外在的な語り方をするという方法論を用いていることに注目する必要があった。

第2章では、ジェイムズの形而上学の中心をなす純粋経験論を取りあげた。ジェイムズは純粋経験について、一見すると相反する二つの主張をしていた。一方が主体の成立以前に存在する中立的な素材としての純粋経験であり、他方が主体に与えられる渾沌とした生の流れとしてのそれである。こうした曖昧さが原因で、純粋経験に関する従来の研究は錯綜していた。しかし、第1章で明らかにされたジェイムズの方法論を純粋経験論に適用することで、その整合的な理解への道筋が開かれる。

ジェイムズは一方で、純粋経験の素材としての純粋さに注目することで、デカルト的、新カント派的な存在論的二元論を回避しつつ、心と物、主観と客観といった区別を説明する。この世界の究極的なあり方は心的でも物的でもなく、また思惟実体でも延長実体でもない。純粋経験は、そうした二元論的枠組みが成立する以前の中立的素材であり、同一の素材が異なる脈絡に入ることで、心的ないし物的な働きを果たすのである。他方で、ジェイムズは別の視点――認識論的視点――も使い、純粋経験という素材から主体が成立する過程を語っていた。まず純粋経験の世界に、ある部分がほかの部分に気づくという事態が生じる。次に、この気づきによって純粋経験のなかに選り分ける主体と選り分けられる対象という区別が生じる。純粋経験論においては、知るものと知られるものは存在論的に等価な純粋経験同士の関係として再解釈される。さらに、この主体に対して新たな経験が外部から押し寄せ、経験内容は不断に更新されつづける。ジェイムズがこのような記述をする目的は、純粋経験の存在論的記述をより具体的で認識論的な水準で吟味するためである。こうして、純粋経験の整合的な解釈とともに、個別の存在者が純粋経験の発展をとおして発生するという純粋経験の進化論の概要が示された。

第3章では、純粋経験論以降のジェイムズの思索を追った。純粋経験論の要諦は、物心ないし主客の区別を、ひとつの純粋経験が複数の脈絡において果たす機能として説明することであった。その際不可欠なことは、複数の脈絡に入ってもその純粋経験の数的同一性が保たれることである。しかし、これは可能だろうか。関係は関係項の本質をなしているのだから、関係が変われば関係項も別個の存在者になってしまうのではないか。これが、ブラッドリーが『仮象と実在』において展開した批判であった。ジェイムズは、関係項の本質に関わらない関係――外的関係――を強調することで批判に応答した。

しかし、ブラッドリーの議論はそもそも外的関係なるものがありうるのかを問うものであり、ジェイムズの対応は不十分であった。ジェイムズがこの問題を最終的に解決したのは、純粋経験論のあとに書かれた「ミラー‐ボードの反論」草稿においてであり、ここでジェイムズは、ブラッドリー的な関係の捉え方の根幹に反論した。関係が関係項の本質をなすという考えの根底には、「経験の存在は経験の感じられ方によって規定される」という前提――これは観念論の原理と呼ばれる――がある。ジェイムズはこの前提そのものを否定することで、経験の存在を経験されることから解放し、それ自体で数的同一性を保ちつつ多面的に関係しあえるものにした。このような世界観は『多元的宇宙』におけるジェイムズの最終的な立場にほかならない。こうして、「ミラー‐ボードの反論」草稿での思索を踏まえることで、これまで関連が不明瞭であった純粋経験論と『多元的宇宙』とを連続的に解釈することが可能になった。

第4章では、以上で述べられた方法の正当性をジェイムズの宇宙論との関連において明らかにした。ジェイムズにとって哲学というものは個人の気質の表現であり、当人の関心や傾向性に大きく影響されるものである。ところで、知覚と概念というジェイムズが頻繁に用いる対比――前者は具体的実在をじかに把握し、後者は実在を一定の目的のもとに切り取り整理する――を踏まえれば、哲学説の構築も概念を用いてなされる以上、そのような概念と具体的実在との緊張関係がつねに問題となる。ここから、一個の哲学は、哲学者が概念と知覚を柔軟に使い分け、実在との協同作業をとおして構成するものであることが示された。

つづいて、世界に対する複数の視点からのアプローチという方法が、ジェイムズの宇宙論のなかでどのような位置を占めるかが考察された。ジェイムズは宇宙を未完成かつみずからの部分をとおして自己表現するものと捉える。しかも、この宇宙はみずから思考するものでもある。宇宙自身が思考する過程において、個々の主体とそのパースペクティヴがその部分として生成する。そして、宇宙の諸部分同士が生き生きと交流し、概念と知覚という複数の視点の交替を繰り返す。こうした宇宙の自己展開のあり様は、フェヒナーの汎生命論的な世界観を参照することでより明確になった。私たちは多様な仕方で世界を語り、多様なパースペクティヴで世界を切り取る。世界を捉える視点はひとつではない。その意味でこの宇宙は多元的、多中心的である。しかし、互いに没交渉な孤立した諸世界があるのではなく、多様な見方はあくまでひとつの世界に関わる。こうした多中心的だが一なる世界とは、素材としての純粋経験にほかならない。したがって、ジェイムズの存在論がその方法論を基礎づけていると言える。同時に、前章までで論じられたように、方法論はジェイムズ哲学の整合性を担保する。このように、ジェイムズ哲学においては存在論と方法論とのあいだに相補的な関係が成り立つのである。

第5章では、これまでの議論を俯瞰する地点に立ち、ジェイムズ哲学というひとつの立場がいかなる合理性を持つものなのかを、彼の信念論に基づいて検討した。はじめに、前章で論じられた気質が、それぞれの哲学説の構築においても大きな役割を果たすことを見た。これは、各人の気質の表現としての哲学というジェイムズの哲学観を踏まえれば、気質はどのような対象に合理性を感じるかに関わるからである。そうであれば、『多元的宇宙』における哲学の系統図に登場する複数の立場の優劣は、ジェイムズ自身の気質に従って判定されていることにもなる。とはいえ、哲学説の選択は主観的な好みだけによって恣意的に決められるものではない。「信じる意志」論文を中心とするジェイムズの信念論は、四つの条件を用いて恣意的選択を排除する構造を持つ。最後に、そうした信念の選択が、経験の過程のなかでつねにテストされていくものであり、そのテストを可能にする存在論的な基盤がジェイムズの宇宙論によって与えられることが確認された。このように、ジェイムズの合理性概念および信念論が彼の宇宙論と結合され、ジェイムズの描く哲学的ヴィジョンのなかで有機的に連関し、統一体を形成するのである。

本書を通じて描かれたジェイムズ哲学の全体像を要約すれば、以下のようになる。素材としての純粋経験という可塑的な宇宙から、もろもろの主体ないし中心が一時的に発生し、みずからの源である宇宙を映し出す。個々の主体という部分は受動的な鏡ではなく、それぞれの信念を携え世界に働きかけてその検証をおこない、世界およびみずからに変更を加えるという仕方で宇宙という全体を反映している。宇宙の自己表現と個人の自己表現とのこうした過程全体を複数の視点によって多角的に描き出す世界観がジェイムズの哲学なのである。彼の追い求めた「より生気に満ちた気質」(ERE 21: 44) を備えた哲学とは、つまるところ、このようなものだったのではないだろうか。

今後の課題は、世紀転換期における英米哲学の状況を調査することをとおして、ジェイムズ哲学を従来よりも広い視野から多角的に理解することである。いいかえれば、ジェイムズがどのような問題と対決するなかでみずからの哲学的思索を展開したのかを明らかにすることが必要となるだろう。

具体的には、第一に、一九世紀後半から二〇世紀初頭にかけての英語圏における形而上学的動向との関連でジェイムズ哲学を理解する必要がある。

世紀転換期の米国においては、ダーウィン『種の起源』（初版一八五九年）の登場と、それによって引き起こされた科学と宗教の対立、さらには自然科学としての心理学——心的なものを計量的に扱う実験心理学——の勃興を契機とした自然主義の興隆といった問題がさかんに論じられていた。ジェイムズの主要な論敵である英国観念論は、こうした思潮に対するアンチテーゼであった。しかし、たとえばブラッドリー、ボザンケ、ケアード兄弟といった当時主導的だった観念論者たちは、日本において十分に研究されているとは言えず、また、世界的に見ても研究がようやく始まったばかりである。それゆえ、これらの哲学者を内在的に理解し、ジェイムズと比較することは、彼の哲学の新たな一面を浮かび上がらせるとともに、当時の特異な知的状況を理解する一助となるだろう。[1]

第二に、アメリカ哲学史のなかにジェイムズを位置づけなおすことも、課題のひとつである。[2] 上記の英国における知的状況の影響を受け、南北戦争終結から第一次世界大戦までの米国においては、究極的な実在を精神に求める観念論哲学が支配的だった。[3] そのなかには、R・W・エマソン（一八〇三—八二）に代表されるトランセンデンタリストやセントルイス・ヘーゲル主義者[4]も含まれるが、より重要なのは、近代化され、独立した哲学部を組織するようになった大学で教鞭を執り、当時の学界で大きな影響力を持っていた専門職的哲学者たちである。たとえば、ドイツのロッツェ（一八一七—八一）からの影響を強く受け、ボストン大学で人格主義的観念論を主導したB・P・ボウン（一八四七—一九一〇）、コーネル大学の学長で『フィロソフィカル・レヴュー』を創刊したJ・G・シュアマン（一八五四—一九四二）、同じくコーネル大学で権勢をふるい、専門雑誌の編集や学会の組織等で活躍したJ・E・クレイトン（一八六一―一九二四)、そしてハーヴァードにおけるジェイムズの同僚で、米国最大の観念論者であるＪ・ロイス(一八五五―一九一六)などが挙げられる。

他方で、このような観念論的傾向に対する若い実在論者たちの反撃も二〇世紀初頭から始まりつつあった。(5)彼らは「新実在論」を標榜し、哲学における客観性を観念論から取り戻し、自然科学を範とする協同作業によって哲学を不毛な論争から救おうとした。そのなかで、ジェイムズは観念論批判の先鞭をつけ、新実在論の先駆けになったと見なされた。(6)

こうした英米における観念論とそれへの反発という哲学史上の大きな流れのなかに、ジェイムズの哲学を位置づけることができるのではないか。たとえば、本書で論じられた純粋経験の二側面――素材と所与――は、前者が実在論に、後者が観念論に対応するという見とおしも可能である。ジェイムズ哲学を世紀転換期の英米哲学史に接続しなおす研究は始まったばかりであるが、古典的プラグマティズムに対する理解をいっそう深めることにつながるだけでなく、アメリカ哲学の精神的土壌を明らかにすることにもなるだろう。(7)

あとがき

ジェイムズの純粋経験とは何なのか。彼の著作を本格的に読み始めたときから、この概念がずっと気になっていた。私がウィリアム・ジェイムズの著作に最初に触れたのは学部生のときだった。大学生協の書籍部を何とはなしに見ているなかで、岩波文庫の『プラグマティズム』を手にとった。多くの本のなかでどうして『プラグマティズム』を選んだのか、いまとなってはよく覚えていない。いずれにしてもこれが端緒だったのだが、当時は読んでみてもそれほど魅力を感じなかった。「気質」、「絶対者」批判、可塑的な実在といった、のちに本書で論じられることになる概念は、私の印象にはあまり残らなかったように思う。ジェイムズとの最初の出会いは、そんな具合でとてもいいかげんなものだった。

当時の私は、大森荘蔵の立ち現われ一元論に強く惹かれていた。そして、卒業論文を大森で書くころには、哲学を本格的に研究したいという気持ちが固まっていた。ジェイムズとの二度目の出会いがあったのはそんなときだった。大学院への進学を決心したものの、研究計画はおろか、そもそも何をテーマにするかも白紙だった。卒論で扱ったような、知覚と思考、私と世界を切り分けない大森の議論には魅了されたが、それと同時に、立ち現われ一元論が「他者」や「他者への立ち現われ」というものを正当に扱えているのかという疑問も残っていた。

そんなことを考えながら卒論を書き終えた五月のある日、とても天気の良い午前中に、私は家の近所を散歩していた。休憩のつもりで腰かけた公園のベンチで、たまたま持ってきていた伊藤邦武編訳『純粋経験の哲学』を開いた。そこで述べられている純粋経験という概念には、何か心惹かれるものがあった。主観と客観、自と他の二元論に陥らずに、しかも懸案であった他者の問題を解決する糸口がそこにあるような気がしたからである。二元論的な区別以前を志向する議論に興奮したことをいまでも鮮明に覚えている。これがきっかけになって、ジェイムズの哲学を研究しようと思った。

こうした問題意識は、本書においてそれほど前面には出ていないかもしれない。それでも、多元的でありながら一なる宇宙というモチーフのなかに生きているように思う。卒論で積み残した宿題に、一〇年ごしで（暫定的ではあるが）回答を与えたことになる。

本書は、二〇一五年一二月に中央大学に提出した博士学位論文「ジェイムズ哲学の統一的理解への試論——経験への多角的アプローチという方法論に注目して」に基づいています。審査を担当していただいた中村昇先生、宮武昭先生、冲永宜司先生には、多くのご批判と有益なアドバイスをいただきました。今回、提出時の原稿に全面的な加筆、修正をおこなう際、これらのご指摘は重要な参照軸となりました。厚く御礼申し上げます。

よく言われるように、哲学を続けていくことは本当に難しいと感じます。私が哲学を曲がりなりにも続けてこられたのは、多くの方々のおかげにほかなりません。そのお名前をすべて挙げることは到底できませんが、幾人かのお名前をとくに記して感謝の意を表します。中央大学文学部のみなさまには、入学以来、公私にわたって大変お世話になりました。なかでも、飯盛元章、太田稔、佐藤陽祐、竹中真也の戦友諸氏に感謝します。また、学会等においては、板橋勇仁、嘉指信雄、富松保文、乗立雄輝の各先生にとりわけお世話になりました。さらに、いつも新たな視点を与えてくれる「世紀転換期アメリカ思想研究会」の現在のメンバーである入江哲朗、岩下弘史、岡村洋子、岸本智典、小山虎の各氏にも感謝いたします。私の研究にとってこの会は不可欠な存在です。

晃洋書房の井上芳郎さんは、面識のなかった私に博論の書籍化を提案してくださっただけでなく、学会発表にも足を運んでいただき、何度も力強く励ましてくださいました。井上さんがいなければ本書が日の目を見ることはありませんでした。本当にありがとうございました。同じく晃洋書房の山中飛鳥さんには、本書の編集の実務作業をご担当いただきました。山中さんの丁寧なお仕事に感謝いたします。村上真里奈さんには、装幀をデザインしていただきました。急なお願いにもかかわらず、本書に立派な晴れ着を誂えてくださり、ありがとうございました。

最後に、学部のころからご指導いただいた中村昇先生にあらためて感謝を申し上げます。学部二年生の秋、授業後に質問をしにいった際、私のつたない質問にも中村先生は根気強く耳を傾けてくださいました。そのときの先生の真剣さは、授業中のハイテンションとのギャップも相俟って、いまでも鮮明に覚えています。これが私の哲学入門だったように思います。先生のご指導がなければ、私がこのようなかたちで哲学を続けることはありえませんでした。本当にありがとうございました。

二〇二二年一月

大厩　諒

註

序

（1）こうした動向としては、たとえば以下を参照。メナンド［2011］; 岡本［2012］; 宇野［2013］; 大賀［2015］; 伊藤［2016］; 加賀＋高頭＋新編［2017］; ミサック［2019］; ブランダム［2020］.

（2）こうした解釈は以下に見られる。Ford［1982］. この点については第2章註7で論じる。

（3）こうした解釈は Gale［1999］に見られる。ゲイルはジェイムズ哲学の第一の側面を "Promethean self" と呼ぶ。これは、ほかのものに依存せず、外界をみずからの目的によって制御し支配する力強い自己である。主張や理論の真偽を私たちの行動に対する有用性によって判定する一種の功利主義的な価値観もその特徴である（Gale［1999］7-14）。これに対して、第二の側面は "mystical self" と呼ばれる。この領域では自分以外の事物や他者との親密な関係が最も重視される。この自己は、もはやみずからの努力によって世界を改善しようとするのではなく、自分より広大な自己（神）との合一を望む弱い自己である（Gale［1999］14-19）。このような区別を設定したうえで、ゲイルは、ジェイムズ哲学の個々の主題（信念論、真理論、倫理学、自己論など）が二つの側面のいずれに割り当てられるかを論じている。最終的にゲイルは、このように分裂した二つの側面を統一することは不可能であると結論づける（Gale［1999］331-32）。

（4）こうした解釈は以下に見られる。Cooper［2002］. クーパーはジェイムズ哲学を、二つの側面を含み込むひとつの統一体と捉え、自身のこのような解釈を "Two-Levels View" と名づける。ここで言われる二つのレベルは、経験論的レベルと形而上学的レベルとも呼ばれている。前者は日常的な世界観や科学的心理学が描く心身の相互関係を素朴に認めるものであり、後者は、前者のレベルで捉えられた事物が純粋経験という形而上学的な水準においてどのような内実を持つのかを明らかにするものだとされる（Cooper［2002］6-7）。

（5）高木［1971］16.

（6）冲永［2007］; 伊藤［2009］.

(1) このような指摘については以下を参照。Ford ［1982］ 9; 加藤 ［1974］ 80, 87; 伊藤 ［2009］ 60.

(2) ジェイムズの自己論を扱ったものとしては、たとえば以下を参照。Ford ［1982］ ch. 1; Myers ［1986］ ch. 12; Bird ［1986］ ch. 5; Gale ［1999］ ch. 8; Cooper ［2002］ ch. 5; 小熊 ［1920］ 第3章第3節; 今田 ［1957］ 第8章; 高木 ［1971］ 第4章; 冲永 ［2007］ 第2部第2章; 伊藤 ［2009］ 第I部第1章。

(3) このような評価は、たとえば以下に見られる。Ford ［1982］ 9-10, 14.

(4) ジェイムズは意識経験の特徴として「個人性」、「不断の変化」、「連続性」、「対象志向性」、「注意と関心による切り取り」の五つを挙げる（PP 220）。このうち、本節では主として「連続性」を取りあげ、本章第4節では「注意と関心による切り取り」を扱う。

(5) 本章における「意識経験」という語は、ジェイムズが『原理』で用いる「感じ〔feeling〕」、「思考〔thought〕」、「思考作用〔thinking〕」と同義であり、知覚や感覚、想像、想起のような「あらゆる形態の意識に対して無差別に」（PP 219-20; cf. PP 186）用いられる。『原理』におけるこれらの語が持つこうした性格については、以下も参照。今田 ［1957］ 220. 今田によれば、「感じ」や「思考」は「普通の用法よりも廣く一般的で中性的であり、凡そ如何なる種類のものであっても、一般に心的状態を言い表すもの」である。

(6) この点については以下を参照。Perry ［1938］ 78-79. また、ジェイムズ哲学と原子論的感覚主義との関係については以下を参照。今井 ［1948］ 55-57, 156-58; 冲永 ［2007］ 107-11; 伊藤 ［2009］ 60-61.

(7) もっとも、本章第4節で述べるように、ジェイムズも連続的な経験を抽象的に扱い、分割する。その点では、ここで批判されるロックやヒュームと同じことをおこなっている。しかし、そのような分割された経験があくまで二次的なものであって、本来的には連続体として与えられているというのがジェイムズの議論の要点である。

(8) この点については、マクダーモトが、「関係的連続性という経験に気づくこと」がジェイムズ意識論の独自性であると指摘していることを参照。McDermott ［1976］ xx.

　ところで、ジェイムズが従来の心理学における内観の不十分さを本格的に論じたのは、『原理』出版の六年前に当たる一八八四年に発表された「内観心理学に見落とされてきたもの〔On Some Omissions of Introspective Psychology〕」（EPs 142-67）という論文においてである。このなかでジェイムズは、従来の心理学が静的で孤立的な観念にのみ注目し、ほかの観念とつながりあう動的な意識経験（縁暈）を見逃してきたと批判している。この点については以下も参照。Perry［1938］77-83; McDermott［1976］xviii-xx. なお、この論文の一部は『原理』第九章のなかにも組み込まれている（『原理』におけるこの論文の抜粋箇所については以下を参照。EPs 402）。

また、ジェイムズは、内観（introspection）について、『原理』第七章「心理学の方法と落とし穴」で以下のように述べる。内観による観察は「私たちがいつでも何にもまして頼らなければならないもの」（PP 185）であり、「内観という語はほとんど定義を必要としない――それはもちろん、私たちが自分自身の心のなかを覗き込み、そこに見出すものを報告することである」（PP 185. 強調は引用者による。また以下も参照。伊藤［2009］54）。こうしたジェイムズの内観重視の姿勢については以下も参照。今田［1957］217-18, 229-32; 藤波［2009］147-48. このように、内観はジェイムズ心理学の重要で不可欠な方法である（Myers［1986］64-65）にもかかわらず、ジェイムズは内観そのものについて上の引用を除けば主題的に論じていない。ジェイムズは内観をいわば万人に既知のもの、ごく当たり前のものと見なしているようにも思われる。これは、内観が当時の心理学においてはほぼ自明なものと見なされていたからだろう（これは以下においても指摘されている。Myers［1986］64）。ジェイムズは、このような内観を用いて私たちの意識経験の諸特性（第1章註4を参照）を記述する（たとえば以下を参照。PP 224, 246）。

しかし、従来の内観を批判する一方で、ジェイムズもみずからの意識論を展開する際に内観を用いるのであれば、従来の不十分な内観とジェイムズによる内観とはどのように区別されるのかという問題が提起されうる。この点についてジェイムズは、『原理』においてほとんど論じていない。それどころかジェイムズは、内観を注意深くおこないさえすれば従来の心理学の欠点を見出すことができると素朴に考えているようにも思われる。ジェイムズのこのような素朴さについては、たとえば以下の箇所を参照。PP 238-39, 243. また、ペリーがジェイムズの内観能力は従来の心理学者のそれより優れていたと主張していることも参照。Perry［1938］80.

こうした問題については、マイヤーズによる二種の内観の区別が参考になる。それによれば、『原理』で用いられる内観には二種類ある。すなわち「回顧としての内観」と「観察としての内観」（Myers［1997］14）である。第一のものは心的状態を対象化する作用である。それゆえ、そこで得られるものは、厳密にはその時点での意識経験そのものではない。この意味での内観はじつは回顧だからである。いいかえれば、第一の内観においては、知られる対象である意識経験と知る意識経験とのあいだに時間的なギャップがあり、誤りが生じうる（Myers［1997］12）。これに対して第二の内観は、意識経験の「直接的ないし同時的観察」（Myers［1997］13）である。私たちは、ある意識経験を感じているとき、第一の意味での内観をあらためておこなうまでもなく、その経験に気づいている。これは、ジェイムズが『原理』において、気づかれていない意識経験というものを認めないからである。くわえて、もしその意識経験に気づいていないのであれば、私たちが第一の意味での内観をしようと思っても、何を内観すればよいのか分からなくなり、第一の内観自体が不可能になってしまうからでもある。したがって「主観的状態のなかには、生じると同時に観察可能なものがある」（Myers［1997］13）ことになる。すなわち第二の内観とは、気づかれる意識経験と同時に生じるものである（Myers［1997］14）。そうであれば、ジェイムズが批判する従来の心理学における内観とは第一のそれであり、他方、第二の内観は、意識経験をより正確に捉えるものとしてジェイムズによって積極的に用いられたのである（Myers［1997］15）。

この区別に従えば、ジェイムズは『原理』において第二の内観によって意識経験の実相を捉え、それによって第一の内観しか用いない従来の心理学を批判したと言えるだろう。とはいえ、本章第4節で述べるように、ジェイムズは第一の内観を完全に捨てているわけではない。

（9）ジェイムズは縁暈を、意識経験の変化しつづける部分、「推移的〔transitive〕部分」（PP 236）とも呼ぶ。しかし、これを内観（第1章註8の区別に従えば第一の意味での内観）によって捉えようとすると、そこには特有の困難が待ち受けている。すなわち、「推移的部分がどのようなものかについて思考の流れを止めて調べてみても、それはちょうどコマの動きを捉えるために回っているコマをつかむのと同じである。暗闇がどんなものかを見るためにすばやく照明を点けるようなものである」（PP 237）。

（10）この点については以下も参照。Perry［1938］76-78, 88. ペリーは、これまで無視されてきた結合関係を経験の側に取り戻し、経験という概念を拡張することがジェイムズの企図であると指摘する。

（11）このような時間的性格を持つ縁暈は、『原理』第一五章「時間の知覚」において「見かけの現在〔specious present〕」（PP 574）と呼ばれることになるが、本章ではこの概念の詳細には立ち入らない。なお、見かけの現在とジェイムズの時間論の特徴および問題点については以下を参照。伊佐敷［2010］第11章。

（12）意識経験が空間性を持つという点については以下を参照。PP 787, 791, 838; Cooper［2002］11-12.

(13) 意識の流れのこのような特徴については以下を参照。伊藤［2009］60.

(14) ここで言われる「文全体」や「陳述全体」という意識経験は、上述の議論に従って厳密に言えば、全宇宙を縁暈として包含していることになる。すなわち、意識経験の内容は、潜在的には（つまり、つながりうるという意味では）、いかなるときも全宇宙である。複数の経験は、どこが核となる部分かという点において異なるにすぎない。ただし、別の著作において、「そこから眺めれば世界が絶対的に単一の事実として現われてくるような視点などありえない」（WB 6: 3）と述べられているように、多元論者であるジェイムズは、すべての内容を顕在的に経験しつくすことが不可能だと考える。この点については第4章第1節も参照。

(15)『原理』第九章を通じて、意識経験を指す“stream”や“pulse”が単数形で用いられることも、意識のこのような単一性を表している。複数形で使われるのは二人の人間の意識を扱う箇所（PP 232）のみであり、各自の意識の流れそのものは、第九章においてつねにひとつのものとして描かれる。

(16) クーパーも本書と同様の構図のもとでジェイムズの自己論を捉えている。Cooper［2009］116.

(17) この点については、たとえば以下を参照。Perry［1938］84-88; Ford［1982］10; Bailey［1998］418; 伊藤［2009］67.

(18) この点については、私有化の作用（後述）が separate, sort, find, own, disown, choice（PP 317, 319, 323, 352）といった言葉によって表されていることを参照。

(19) この点については以下も参照。小熊［1920］243. 小熊によれば、私たちの意識経験は「意識する者」でも「意識された者」でもなく、むしろ「意識しておる」という機能であって、それ以上の何ものでもない。つまり、ジェイムズの自己論においては、主観性や「私」というものがまずあるのではない。最初に「ある」と言えるのは、主観性に囚われていないという意味で中立的な意識経験それ自体だけである。この中立的な意識経験が後述する“sciousness”である。『原理』の自己論においては、この“sciousness”がまず現われ、そのあとに個別の自己（主我によって取り集められた客我の集合）が成立する。

(20) ただし、これはジェイムズが主我を全面的に否定したということを意味しない。実体性という性格を除去された主我は、ジェイムズ自己論において新たな規定を与えられる。本節後半および第1章註38を参照。また、ジェイムズの自己論において実体的自我の批判が重要であることは以下も参照。Lamberth［1999］88.

(21) この点については以下を参照。Myers［1986］347-48, 350-51. 正確に言えば、ジェイムズは客我を「物質的自己」、「社会的自己」、

「精神的自己」の三つに分けて考察している。しかし、この三者は、いずれも感じる主体ではなく、感じられる対象である（PP 286, 288, 291）。そうであれば、これらはどれも、本章において粗描されるジェイムズの自己論の基本構図（目の前の現象のなかから自己に属するものを選別し取り込む）においては選別される対象の位置にある。それゆえ以下ではこうした客我を一括して扱う。

(22) 経験的自己（客我）が私の所有物と本質的に異ならないという点については以下も参照。Gale［1999］223.

(23) ジェイムズは両者を同義なものとして扱う（PP 316-17）。それゆえ本章でも両者を互換的に用いる。

(24) しかし、ジェイムズの議論の枠組みにおいては、実体的自我のような同一性を支えるものがない以上、この箇所は「暖かみを持って現われる思考を現在の自己と呼ぶ」という定義を与えているだけになる恐れがある。この点については次節で論じる。

(25) もちろん常識的に考えれば、他人のものに暖かみを感じたり、反対に自分のものに暖かみを感じなかったりすることもあるだろう。しかし、ジェイムズの自己論には、自分のものを選び出す基準が暖かみ以外にはないので、このような混同はそもそも生じなくなる。第1章註24および次節を参照。

(26)『原理』第一〇章におけるこのような考えは、ジェイムズが同書第九章で意識の特徴（第1章註4を参照）のひとつとして挙げた「個人性」と一見矛盾するように思われるかもしれない。この特徴についてジェイムズは次のように述べる。「誰の考えでもない単なる思考というものがあるのかということについて、私たちはこのようなものを経験したことがないので、それを確認する方法を持たない。私たちが自然に研究できる唯一の意識状態は、個人的意識、〔…〕〔すなわち〕具体的で特定の私およびあなたのなかにあるものに限られている」（PP 221）。しかし、本章第4節において論じられるように、『原理』第九章と第一〇章とのあいだにある視点の転換を考慮に入れれば、この矛盾は解消される。すなわち、なるほど私たちが意識経験をいわば内側から素朴に受け取る際には（これが上の引用で「自然に」と言われていることの意味である）、意識経験はつねに「具体的で特定の」個人に属しているように見える。けれども、そのような「個人的意識」がどのように成立するかを解明する視点に立てば、前者の視点からでは説明できなかった自己の構造（特定の個人的意識以前の sciousness において私有化が生じることによって個別の自己が成立するという構造）が明らかになる。

(27) 前節において概観された意識の流れを流れているものとして捉えるのも、sciousness の流れから発生した主体的意識経験である。この主体的経験が第1章註8で区別された第二の意味での内観によって、すなわち意識経験の同時的観察によって、意識の流れという動きを確認するのである。

(28) このような〈見るもの〉がなぜ生じるのかについてジェイムズは何も語っていない。これは後期の形而上学においても同様であり、ジェイムズ哲学の根本前提と言える。第2章第3節および第2章註25を参照。

(29) 主我のこのような働きについては以下も参照。Ford［1982］14.

(30) ようするに、暖かみがなければ、主我は自己を形成する内容を sciousness の流れのなかから選び出すことができないのである。暖かみの基準としての性格については以下も参照。Ford［1982］17; Cooper［2009］127-28.

(31) 私有化の過程については以下も参照。Perry［1938］87; Myers［1986］349; 冲永［2007］109.

(32) この点については後述の放牧の比喩も参照。

(33) 主我のこうした働きについては以下も参照。Perry［1938］87.

(34) この点については以下も参照。Myers［1986］349; 冲永［2007］109.

(35) 主我の連続的な更新については以下も参照。Bird［1986］81-82; 今井［1948］77.

(36) この点については以下も参照。今井［1948］76.

(37) この点については以下を参照。高木［1971］138; 伊藤［2009］68. 高木は主我と客我を「一個の自己の楯の両面」と表現し、伊藤は、自己が「ＭｅとＩという二つの顔をもつ存在」であると述べる。

(38) とはいえ主我は、思考する能動的存在者というかたちでは経験されない。意識された時点で主我は意識される対象（客我）になってしまうからである（PP 323）。それゆえ、ある経験は主我の役割を果たしている限り経験内容とはならない。この限りで、主我はジェイムズの批判する実体的自我と共通の性格を持つ。しかし、ある時点での主我も、後続の新たな主我によって経験される対象となりうる（PP 290-91, 324）。この事後の経験可能性という点が、『原理』で批判された実体的自我と、ジェイムズの自己論の主我とを分かつものである。上述の「二役を演じる」ということの意味も、かつて主我の役割を担っていた経験が、今度は客我として別の主我に取り込まれ、その経験内容の一部をなすということである。このとき、かつての主我が客我として私有化されるための条件が、現在実感される暖かみなのである。

(39) これは放牧の比喩について語っている場面であるが、『原理』第九章とは異なり、ジェイムズが意識経験を複数化できるものとして論じていることが明白な箇所なので引用した。

（40）『原理』第一〇章では、複数化された意識経験を表すために“pulses”という複数形が頻繁に使用される（PP 321, 324, 327, 350）。くわえて、複数の経験の継起についても多くの箇所で言及されている（PP 324, 331-32, 350n39, 379）。

（41）この点については以下も参照。Ford［1982］21.

（42）たしかに、自己論においても、私有化によって同一の自己が形成されるのだから、その意味でもろもろの意識経験は客我として統一されているのであって途切れてはいないと言うこともできる。しかし、自己論における連続性はあくまでも私有化の際の意識経験の複数性が前提となっており、『原理』第九章で述べられた「それ自身では途切れていない」（PP 231）とされる意識の流れの原初的連続性とはやはり相容れないものである。

（43）『原理』の以下の箇所にもこの転回を見出すことができる。「ひとが自分をこの身体と同一視するのは、彼がそれを愛する［＝暖かみを感じる］からであって、身体が自分と同一だと思うからこれを愛するのではない」（PP 304）。つまり、私たちの身体は、私たち自身と同一だから暖かみを持つのではない。反対に、この身体に暖かみがあるからこそ、私たちはそれを自分と同一だと判断するのである。また以下の箇所も参照。PP 308-11.

（44）ジェイムズは『原理』第一六章「記憶」において、記憶を「一次記憶」（現在の意識経験のなかに織り込まれている過去部分）と「二次記憶」とに分けており、この引用は二次記憶を規定した箇所である。本節の議論に直接関わるのは二次記憶なので、ここでは「記憶」をこの意味で使用する。

（45）先に第一の批判で明らかになった人格の同一性に関する転回がここにも見られる。記憶という場面に即してこの転回を表現すれば、ある出来事を体験した人物と、それをいま思い出している私とが同一だからこの記憶に暖かみがあるのではなく、ある記憶に暖かみがあるならば、すなわちその記憶は現在の私の記憶だということになる。なぜなら、特定の経験を私のものとするための基準が、現在の暖かみ以外には存在しないからである。

（46）この例はGale［1999］232に基づく。

（47）この了解が記憶の成立にとって不可欠だという点については以下を参照。永井［2010］211-22. もちろん、ある記憶現象がじつは思い込みだったということは現実に起こりうる。また、その記憶が、ある特殊な仕方で私の脳に移植されたものだったということもありうる。しかし、記憶の原因や内容の整合性に異常が見つかるとしても、想起の現場における了解――思い出された風景が想像ではなく実際に私が経験したことの記憶であるという了解――は、その経験が記憶であることにとって依然として不可欠である。むしろ、この了解を含んだ別の記憶があるからこそ、記憶の誤りや思い込みといった事態も成立しうる。たとえば記憶移植の場合、かりに被験者がこれから記憶を移植すると前もって知らされ、移植後に「これがあの移植された記憶だな」と思うとしても、別の記憶、すなわち「移植を前もって知らされた」ということの記憶のほうには、やはりあの了解があることになる。

(48) にもかかわらず、ジェイムズが曖かみを経験内容として扱っている箇所は以下である。PP 316, 318, 616.

(49)『原理』にさまざまな不一致が含まれるという指摘については以下も参照。Perry［1938］80; Ford［1982］22; 伊藤［2009］63, 78. ただし、これらの研究においては本章で取り上げた問題点は扱われていない。

(50) このような解釈については以下を参照。Ford［1982］23-24; Gale［1999］228.

(51) この研究法が「抽象的」と呼ばれるのは、その具体的なあり方――意識の流れ――においては「単独で（すなわち、孤立した原子論的感覚のようなものとして）見出されることは決してない」（PP 286）意識経験を、分割して考察するからである。

(52) 以上の議論については第1章註26も参照。

(53) 意識の特徴については第1章註4を参照。

(54) このことを示すのが、『原理』第一〇章の後半部において論じられる人格の変化（記憶喪失や多重人格、霊媒など）に関する諸事例である（PP 352-78）。ここでジェイムズは、他者の人格の変化を第三者の視点から観察し、性格や記憶、言動などに外部から見て大きな変化があれば、これを別の人格であると判断している。

第2章

(1) ジェイムズが自身の哲学的立場に与えた〝radical empiricism〟という語は、これまで「根本的経験論」と訳されることも多かった。しかし、ジェイムズの意図は、ヒュームやJ・S・ミルといった従来の経験論者の経験理解を批判することにあった。つまり、彼らが経験というものを十分に把握しておらず、片手落ちな見方しかできていないのに対して、ジェイムズは、より徹底した仕方で経験に立脚する哲学を打ち出そうとしたのである。この点を踏まえ、本書では「徹底した経験論」という訳語を採用する。

（２）『徹底した経験論論集』の成立過程については以下を参照。ERE 200-209; McDermott［1976］xi-xiii;『根本的経験論』桝田＋加藤訳 7-9, 229-30n1.

（３）講義草稿および手稿が『徹底した経験論論集』を補完するものであることについては以下を参照。Skrupskelis［1988］lxii-lxiii.

（４）クーパーも純粋経験に関する諸解釈に一致が見られないことを指摘している（Cooper［2002］38）。

（５）このような解釈については以下を参照。Perry［1935］vol. 2, chaps. 72, 74; Perry［1938］ch. 3; Gavin［1992］ch. 4; Moller［2008］.
このうち、ギャヴィンは純粋経験をジェイムズの言語観と関係づけて論じており、純粋経験が、感覚的経験ではなく豊饒な実在そのもののあり方を指すものと見なされている（Gavin［1992］78-95）。また、ペリーは、ジェイムズの経験概念が拡張されていく過程、すなわち『原理』における心身の二元論を前提としたものから、『徹底した経験論論集』を経由して『多元的宇宙』における形而上学的実在と同一視されるまでの過程を明快に描いている（Perry［1938］ch. 3）。その際にペリーは、ジェイムズが『徹底した経験論論集』において経験概念を意識経験と不当にも同一視しがちであると批判している（Perry［1938］98-100）。しかしこれは、ペリーがジェイムズ哲学における視点の複数性を見落としたために生じるものである。こうした批判は、本章で論じられる存在論的視点と認識論的視点との使い分けを考慮に入れれば、回避することができる。

（６）このような解釈については以下を参照。Sabine［1905］; Flournoy［1917］ch. 5; Wild［1969］ch. 14; Seigfried［1973］; Bird［1986］ch. 6; Myers［1986］ch. 11; 高木［1971］第８章。たとえば、マイヤーズは純粋経験を概念化以前の感覚の流れと同一視する（Myers［1986］308, 312, 318, 324）。

またフルールノアによれば、経験の純粋性とは、私たちが日常的に使う概念や分節――論理的区別、もろもろの信念、常識など――をまったく含んでいないことを意味する。これに対して、ジェイムズが『原理』第九章で描いた直接的経験は、過去と未来を含み、周囲の空間とも連続している最も具体的で豊かなものである。フルールノアは、両者の相違に違和感を覚えながらも、純粋経験のなかに後者の特徴を見出そうと努めており、全体としては純粋経験を感覚的経験に近づける方向で解釈している（Flournoy［1917］92-99）。

これに対して本書では、純粋経験の純粋性を、あらゆる既成概念を取り払ったものと理解するのではなく、主客や物心という従来の二元論的分類に対してのみ中立的であることを意味するものと解する。その根拠は三つある。第一に、純粋経験についてジェイムズの用いる事例が、部屋、ペン、読書といった日常的な事柄だということ（ERE 12: 30, 61: 109, 73: 126）を見ても、存在論的な純粋経験は主客以外の分類に対してむしろ積極的にコミットしているように思われるからである。

第二に、ジェイムズがこの概念を提示するときに主要な標的としているのは、当時の二元論的哲学の代表格である新カント派の意識論――形式と内容を峻別し、あらゆる経験内容の「論理的相関者」ないし透明な容器として意識を捉える――である（ERE 5-6: 18-20）。ジェイムズの意図は、こうしたそれ自体では何らの内容も含まない形式としての意識を拒否し、私たちに具体的に経験されるものに基づいて意識を説明することである。そうであれば、「純粋」とは、まずもって新カント派的な二元論的区別の中立化を意味していることになる。

第三に、『徹底した経験論論集』の主要論文と同時期の一九〇三年から翌年にかけて書かれた草稿――これは「多と一」と題され、ジェイムズの体系的哲学を専門的な仕方で叙述しようと試みたものである――においては、「純粋」という形容詞が、「いまだ中立的ないし両義的であり、対象および主観という区別に先立つ存在形式」を意味すると述べられており（MEN 26-27）、純粋経験の純粋性はあくまで主客の二元性に限定されていることが分かる。

それゆえ、純粋経験を何か言語化できない神秘的状態のようなものとする解釈は、ジェイムズが「純粋」という言葉にこめた意味にそぐわないように思われる。

（7）このような解釈については以下を参照。McDermott［1977］; Ford［1982］ch. 5; Bailey［1998］; Gale［1999］ch. 7; Lamberth［1999］ch. 1; Cooper［2002］esp. ch. 8. たとえばフォードは、純粋経験に含まれる感覚的経験としての側面と形而上学的な側面とを明瞭に区別して論じている。前者は前反省的で解釈抜きの裸の経験であり、「概念以前の直接的な知覚的経験」という認識論的な意味合いを持つ（Ford［1982］83）。これに対して、後者は物心の二元論的な枠組みに対する中立的な素材を表し、この中立的素材から物質的および心的という区別が生まれる。この限りで、「ペン、部屋、国家、世界など、いかなるものも純粋経験と見なされうる」（Ford［1982］80）。しかしフォードは、ジェイムズが最終的には後者を捨て、前者を採用することでジェイムズ本来の汎心論（panpsychism）に戻っていったと解釈する（Ford［1982］77, 84-85）。

また、ゲイルも以上とほぼ同様の主張をしている。一方の純粋経験は、無秩序な感覚の奔流のようなもの、あとから概念的分節が加えられるものと見なされる。赤ん坊の知覚や薬物による幻覚作用などのように、この意味における純粋経験は、その時点では言い表せないとしても、経験可能である（Gale［1999］209）。他方で、存在論的に解された純粋経験は実在を構成する原初的な素材であり、経験全体の説明や記述に役立つ透明な枠である（Gale［1999］209）。この純粋経験はまったくの未規定なので、これを経験することは不可能である（Gale［1999］209-10）。そして、フォードと同様にゲイルも、ジェイムズが後年の汎心論的世界観を展開させていくためには、純粋経験の後者の側面が捨てられなければならなかったと論じている（Gale［1999］201-202, 214-15）。

これに対して本書では、純粋経験に含まれる二側面を両立不可能なものと見なし両者を鋭く対立させる以上の解釈とは異なり、二つの側面に関するより柔軟な理解が可能であることを示す。つまり、ジェイムズはみずからの哲学的方法論を純粋経験に対して適用し、存在論および認識論という二つの視点から純粋経験を捉え、二つの側面が相互補完的関係にあると考えているという解釈が可能であることを示す。

（8）この方法の詳細については第4章で論じる。
（9）この点については第4章第4、5節で論じる。
（10）こうした評価については以下を参照。McDermott［1977］xliv.
（11）このような解釈については第2章註7を参照。
（12）この点については以下を参照。伊藤［2009］144.
（13）純粋経験論とデカルト的な二元論との関係については以下を参照。Lamberth［1999］33, 66; 高坂［1964］215-16; 冲永［2007］467.
（14）同様の指摘については以下も参照。Taylor & Wozniak［1996］xiv.
（15）「純粋」の意味については第2章註6を参照。
（16）純粋経験の遍在については以下も参照。冲永［2007］211.
（17）同様の指摘については以下も参照。Taylor & Wozniak［1996］xiv.
（18）この点については以下を参照。「さまざまな種類の連結からできた渾沌が、刻一刻と推移していく。その推移のなかで物質と心の分離も、認識主体と客体の分離も、外的世界と内的世界の分離も成長していく――結局、これが経験の領野、談話の宇宙の基本的な性格なのである［…］」（伊藤［2009］157）。素材としての純粋経験はこのような豊饒さを含んでいるが、それがいまだ現実化していないという意味で主客の区別に対して中立的であり、「純粋」なものである。

(19) 純粋経験の「ふるまい」や、次節で述べられるほかの経験への「気づき」といった語は、擬人的で奇異なものに聞こえるかもしれない。しかし、それは常識的な見方を前提にしているから生じるものである。ジェイムズの純粋経験論の意図は、そのような常識的な見方を純粋経験によって根本的に捉えなおすことである。

(20) このような特徴づけについては以下を参照。Taylor & Wozniak [1996] xvi.

(21) 純粋経験の存在論的な性格については以下を参照。Perry [1935] vol. 2, 550; Ford [1982] 4, 76, 80; Bird [1986] 94-98; Gavin [1992] 83; Moller [2008] n13. ただしバードはこうした存在論的な解釈を最終的には斥けている（Bird [1986] 97）。しかし、その議論にはテクスト的根拠が乏しく説得力を欠く。

(22) この点についてはジェイムズが、「世界には時の経過につれて統一性を拡大していく現実的な力が働いているように思われるということ」（ERE 24: 49）に賛同していることも参照。

(23) この点については以下も参照。Gavin [1992] 81; Moller [2008] ¶ 35.

(24) この箇所では、個人という存在者の発生が素材としての純粋経験の発展の一段階として存在論的に語られている。また、ここでの個人的意識の成立過程は、sciousness の流れから主我となる部分が生じ、その部分によって私有化がおこなわれることでcon-sciousness が成立するという、第1章第2節において述べられた過程と同様の構造を持つ（ジェイムズが『徹底した経験論集』においても私有化に関して『原理』と同様の考えを保持していたことについてはERE 64: 113-15を参照）。ただし、ここでの議論は、その適用範囲が実在全体に広げられているという点で『原理』の議論とは異なっている。すなわち、『原理』の sciousness があくまで個別的自己の成立のみを扱う概念だったのに対して、ここでは、世界全体——素材としての純粋経験——の運動から個物一般が生じるという個体化に関するより広範な議論の一例として、自己の発生が語られているのである。『原理』と『徹底した経験論集』のこのような関係については第2章註27も参照。

(25) 純粋経験の世界のなかで「気づき」を含めた経験一般が生じること自体は、ジェイムズの議論の前提であり、その根拠や原因を問うことはできない。ジェイムズは、気づきの発生の謎を「存在論的な困難」（ERE 65: 117）と呼び、「もろもろの経験がいったいいかにしてそれ自身を生じさせるのか、あるいは、そうした経験の持つ性格や関係がなぜ現にいま現われているとおりのものになっているのかという問題について、私たちは理解の端緒さえ掴むことができない」(ERE 66: 117) と述べている。

(26) 主客に対して中立的な存在がはじめにあり、そこから主体が生成し、私有化および序列化をおこなうという以上の議論は、『原理』にも見られるジェイムズの一貫した主張である。第1章第2節および第2章註24を参照。また、以上の議論からは、素材としての純粋経験には自己展開の原理という能動性が備わっていることも見て取れる。この点については、本節冒頭の引用 (ERE 42: 79) と第2章註22を参照。

(27) 本節で述べられる純粋経験の認識論的側面が持つ特徴は、第1章第1節において述べられた、意識の流れが持つ特徴と重なる点が多い。これは、『原理』が、純粋経験の存在論的記述に対して具体性を補うという性格を持っているからである。このことをジェイムズ哲学の発展史的観点から述べれば、まず『原理』において意識に直接与えられたものが意識の流れとして記述され、その後、この議論の適用範囲を実在全体に拡張した『徹底した経験論論集』が構想されたということになる。『原理』と『徹底した経験論論集』とのこのような関係については以下を参照。Perry [1938] ch. 3; Myers [1986] 79; Lamberth [1999] 21-22, 27; Moller [2008] ¶ 23; 『根本的経験論』桝田+加藤訳 236n10; 冲永 [2007] 98; 伊藤 [2009] 158.

また、純粋経験の認識論的側面はジェイムズにとって不可欠なものである。かりに私たちが純粋経験の素材としての側面しか見ないのであれば、純粋経験は単なる理論的要請にすぎないものとなってしまうだろう。反対に、私たちが主体に与えられた具体的経験にのみ目を向けるのであれば、純粋経験論は単に感覚的経験を偏重する狭隘な世界観に留まるだろう。ジェイムズが純粋経験に与えた二つの側面によって、これら二つの過ちは避けられうるものとなる。いいかえれば、二面性を備えた純粋経験を用いることによって、純粋経験論は、具体性を重視するだけでなく、経験一元論という形而上学へと拡張されたのである。この立場は一元論的であると同時に、経験の内容に関しては豊饒かつ多元的である。

このことは「純粋経験」という用語にも表されている。ジェイムズは、一方で主観および客観という区別以前を意味する「純粋」という語を付加することによって、「経験」を主観的領域から実在全体へと拡張した。これは純粋経験の存在論的側面に対応する。他方で、具体的なものと密接につながる「経験」を用いることによって、「純粋」に、主体に与えられるものの豊饒さというもうひとつの意味を与えた。これが認識論的側面に対応する。この点については以下を参照。Lamberth [1999] 30. ランバースによれば、純粋経験にこのような二面性を持たせた結果、「ジェイムズは、みずからの哲学の基本単位である純粋経験を、客観的なものと主観的なもの、形而上学的（概念的）なものと現象学的（感覚的）なものとの合流地点として扱う」ことが可能になった。また、ランバースがジェイムズ哲学を、この世界に立ち現われるいかなるものをも排除せず、生の豊かさを十全に汲み取り、理論的なものと具体的なものとを「多元的に包括する哲学」（Lamberth［1999］26）と評していることも、本書の立場を支持する。

（28）たとえば、ある主体の眼前に現われている部屋という（所与としての）純粋経験は、特定の主体の「個人的伝記」という脈絡に属する一方で、「その部屋を部分とする家の歴史」（ERE 8: 24）という脈絡にも属する。部屋の光景という純粋経験は、前者の脈絡においては、これまでにその主体が経験してきたこと――「感覚、感情、決心、運動、分類、期待などからなる一連の系列」（ERE 8: 24）――と、これからその人が経験するだろうこととつながっている。それと同時に、この同じ純粋経験は、後者の脈絡においては、「大工仕事、壁紙貼り、家具の取りつけ、暖房の工事」（ERE 9: 24）といった先行する一連の物理的作業と未来におこなわれうる作業――模様替えや解体工事など――につながっている。このように、二つの脈絡のうちどちらの方向を辿るかによって、同一の純粋経験が異なる相のもとに現われる（ERE 9: 25）。もちろん、個別の純粋経験に脈絡を与える際に、その主導権が主体の側にある（想像や身体の移動などによって生じる所与の変更）こともあれば、世界の側にある（主体の思いどおりにならない所与の抵抗）場合もある。後者のケースについてはERE 12: 30を参照。

（29）この点については以下も参照。「純粋経験において与えられているのは、多数の推移と傾向性とからなる諸関係である」（Seigfried［1973］339）。

（30）本書の解釈とは異なり、複数の解釈者はこの箇所（とりわけERE 15: 35）をジェイムズによる純粋経験の否認と捉える。以下を参照。McDermott［1977］xliv; Ford［1982］118n8; Gale［1999］208-10. これに対して、ランバースは本書と同方向の解釈だが、そこには視点の複数性という論点は含まれていない（Lamberth［1999］24）。

（31）この点については以下を参照。Lamberth［1999］31, 35.

第3章

（1）二種の関係の区別は、ジョアキム、ボザンケ、ロイスなど、当時の哲学者たちに広く共有されたものであった。以下を参照。Mander［1994］97; Ferreira［1999］109-10; Basile［2014］195.

(2) 連鎖論法については以下を参照。Mander [1994] 91-94; Ferreira [1999] 113-14; Basile [2014] 194.

(3) 内的差異論法については以下を参照。Mander [1994] 88; Basile [2014] 195.

(4) この点については以下を参照。Mander [1994] 89; Ferreira [1999] 114-15; Basile [1999] 42, 48; Basile [2014] 198.

(5) この点については以下を参照。Basile [2014] 195.

(6) ブラッドリーの実体一元論については以下を参照。Mander [1994] 111; Ferreira [1999] 116; Basile [1999] 59; Basile [2014] 190-91.

(7) この点については以下を参照。Lamberth [1999] 21-22, 27; 岸本他 [2018] 59-61.

(8) この草稿は、はじめ以下に抄録された。Perry [1935] vol. 2, 750-65. しかし、マイヤーズも指摘するように、これは断片的で不十分なものであった（Myers [1986] 567n9）。草稿の全体が活字で読めるようになったのはハーヴァードの著作集に収められた一九八八年以降である。

(9) 本邦においては以下が数少ない先行研究である。城田 [1986].

(10) ミラー（Dickinson Sargeant Miller）は米国の哲学者で、ハーヴァードでジェイムズやロイスの教えを受けたあと、ベルリン大学およびハレ大学で学びPhDを得た。ジェイムズの口添えで一八九三年からブリンマー・カレッジで教職に就いたあと、ハーヴァードではジェイムズの同僚（かつ強力な哲学的批判者）となり、またコロンビアではラヴジョイやデューイとともに働いた。一九二〇年代後半に教職から退くとヨーロッパへ渡り、シュリックやノイラートらウィーン学団のメンバーと交流した（その際、ウィーン学団の意味の検証理論を痛烈に批判した）。

ボード（Boyd Henry Bode）は米国の哲学者、教育者で、教育哲学におけるプラグマティズムの主導者であった。進歩的な教育を支持しつつも、その行きすぎを批判した。ペンシルヴェニア・カレッジおよびミシガン大学で学んだあと、一九〇〇年にコーネル大学で学位を取得した。卒業後は、ウィスコンシン大学マディソン校やイリノイ大学アーバナ・シャンペーン校、オハイオ州立大学などで教鞭をとった。

(11) ミラーは会話、手紙、手稿——これらは散逸した——などで、ボードは一九〇五年に書かれた二本の論文においてジェイムズを批判した（MEN 331）。ミラーの批判については、一九〇八年に書かれた論文 "Naïve Realism; What Is It?" のなかに同趣旨と思われるものを見出すことができる（Miller［1908］181-82, cf. Perry［1935］vol. 2, 393n11）。また、マイヤーズは、ジェイムズの評伝（Perry［1935］）を準備していたR・B・ペリーに宛てて書かれたミラーの手紙（一九三二年八月二三日付）を引用しており、これによってその批判の要点を知ることができる（Myers［1986］567-68n9）。他方ボードは、"'Pure Experience' and The External World"において、ジェイムズの純粋経験論に対して複数の問いを投げかけている。そのうち、純粋経験論は不可避的に独我論に陥るのではないかという疑問――これは三つの論文のいずれにおいても提起されている――に対しては、ジェイムズは『徹底した経験論論集』第九章「徹底した経験論は独我論的か」（ERE 119-22: 194-98）において応答している。本節で扱う「ミラー－ボードの反論」に関わる内容については以下を参照。Bode［1905a］58-59.

（12）この点については以下を参照。「「論理」によってジェイムズが意味したのは、ロイスが絶対者を証明した際に用いた理論化の方法であった」（Kuklick［2001］174: 255）。

（13）この点については以下を参照。Moore［1903］; 寺中［1982］229-33.

（14）以下がその例である。Mackenzie［1906］; Hollands［1908］.

（15）この点については以下を参照。Moller［2008］¶8.

（16）こうした解釈は以下に見られる。Gavin［1992］.

（17）この点については以下を参照。Myers［1986］311; Moller［2008］¶37.

（18）この点については以下を参照。Bernstein［1977］xxii.

（19）こうした解釈については以下を参照。Ford［1982］77, 84-85; Gale［1999］201-202, 214-15.

（20）こうした解釈については以下を参照。Hare［1979］xxxii. ただし、ジェイムズが「純粋経験」という言葉を使わなくなったことの理由は今後明らかにされなければならない。とはいえ、第2章註27で述べたように、ジェイムズの企図は経験概念の刷新にあり、存在論的には心的でも物的でもない素材を提示することにあった。また、「純粋」という語はそのような「経験」の新たな意味を強調するために付加されたものだった。そうだとすれば、後年あえて用いられなくなったとしてもそれほど不思議ではないように思われる。この点については以下も参照。Moller［2008］¶11.

第4章

（1）『原理』においては、心的事実そのものを語る視点と、それを外側から語る心理学者の視点との混同は、「心理学者の誤謬」（PP 195）と呼ばれ、厳しく批判される。また、ジェイムズが『原理』以外で同様の点に注意を促している箇所は、たとえば以下である。VRE 299: 下 178-79; P 73: 151-52; PU 110-11: 184-86; SPP 70: 115-16.

（2）ジェイムズは、もろもろの存在者が住まう場所を表す言葉として「宇宙〔universe〕」と「世界〔world〕」という語をほぼ同義のものとして用いる（たとえば以下を参照。PU 9: 8, 16: 22, 25: 35, 28: 39, 140: 234-35）。この点については、ハーヴァード版著作集の索引（ERE 315; PU 484-85）においても同様に扱われていることを参照。そのため本書でもこれに倣う。

（3）この点については以下も参照。「哲学者の真理を〔ほかの真理から〕分かつものは、それが推論によって得られたものだという点である。哲学者は想定ではなく論証によって真理を獲得しなければならない」（PU 11: 11）。

（4）ジェイムズが用いる「気質」という概念については以下も参照。「論理的正当化に先んじて親密さと正確さのいずれかに重心を感じさせ、なおかつその重心に見合う形態の宗教や哲学を受容する方向へと促す傾向性を、ジェイムズは仮に「気質」と呼ぶ」（堀 [2003a] 93）。

（5）ペリーによれば、ジェイムズは、哲学に対して気質が大きな影響力を持つという考えをフランスの新カント派の哲学者ルヌヴィエ（Charles Renouvier, 1815-1903）から学んだ（Perry [1935] vol. 1, 657）。この点については以下も参照。Madden [1979] xviii.

（6）この点については以下を参照。「そこから眺めれば世界が絶対的に単一の事実として現われてくるような視点などありえない」（WB 6: 3）。「多元的な世界［＝ジェイムズの考える宇宙］は帝国や王国よりも連邦共和国に近いものである。いかに多くのものが集められ、いかに多くのものが意識や行為の活動する中心に現前していることが認められようとも、別の何かが〔中心から外れたところで〕自律的に存在しており、統一から逃れ、還元されずに残っている」（PU 145: 244）。ひとつの視点から捉えられるものを絶対視せず、それが誤る可能性と、その視点とは異なる視点や捉え方の可能性とをつねに認めるこのような考えが、ジェイムズの多元的な世界観である。

（7）本章後半でも論じるように、ジェイムズは「概念〔concept〕」を、主体の注意作用によって切り取られ、それ自体で固定された経験の流れの部分と見なす。すなわち、「私たちが〔経験の流れの部分を〕概念化するとき、私たちは〔経験の流れの部分を〕切り出し、固定し、それ以外をすべて排除する。ひとつの概念は、〈ひとつのあれであってほかのものではないもの〉を意味する」（PU 113: 194）。また次のようにも述べられる。「知覚と概念の重要な相違点は、知覚は連続的だが、概念は不連続的だという点である。〔…〕各々の概念は、みずからが単独で意味するものだけを意味し、それ以外のいかなるものも意味しない」（SPP 32: 42）。つまりジェイムズは、諸概念にはそれぞれ固有の意味があり、複数の概念の意味同士は截然と区別されていると考える（ただし、類似した意味を持つ概念同士の区別をどのようにおこなうのかについて、ジェイムズはほとんど論じていない）。ここで言われる概念の「意味」とは、概念が特定の対象を時間的および空間的隔たりを超えて指示する作用のことである。「知覚はもっぱら〈いま・ここ〉にのみ関わる。〔それに対して〕概念は、似ているものと似ていないもの、未来や過去、はるか遠方のことに関わる」（SPP 43: 65）。ジェイムズによれば、私たちはこのような概念を使い、みずからの人生の行程を均し、生きやすくする。「直接的な知覚の流れを、諸概念とそれらの結合、つまり概念的秩序全体に置き換えることによって、私たちの精神の展望は非常に拡大される。〔…〕概念を用いて不在のものを探しまわったり、遠隔のものに巡り合ったり、積極的にあれやこれやと道を変えたり、経験を修正したり、経験がいかなる目標に結びつけられているのかをその経験に語らせたりする。〔…〕こうしたことはすべて、知覚の流れを統御し、その流れの遠く隔たった部分と出会うための方法である」（SPP 39: 56-57）。

（8）この点については以下も参照。「実を言えば、概念は転んだあとの杖みたいなもので、〔過ぎ去ったことを〕回顧的に理解する力しか持ちあわせていない。〔…〕概念は単なる抜粋的な輪郭や大まかなスケッチを与えることができるだけである。そして、その空白を満たすには知覚の力を借りなければならない〔…〕」（SPP 54-55: 85-86）。

（9）この点については以下を参照。「〔概念的なものと知覚的なものという〕二つの要素は、あたかも山中で放たれた一発の銃声が、山彦や反響する轟音の重畳のなかに包み込まれるように一緒に包み込まれている。それでも、知性による反響は、それが包み込んでいる知覚的な経験を拡大、延長し、その知覚的経験を遠く隔たったところにある存在の部分と結びつけてくれる。そして、今度はこうした知性的反響からなる観念が、複雑な音響のなかから一部の音色を選び出す共鳴器のような役割を果たす。つまり、それらの観念は、私たちの知覚をいくつかの部分に分解し、その要素を抽象し分離するのに役立つのである」（SPP 59: 93）。ここでは、概念によって知覚的経験が分解され、その一部が抽象される過程が述べられている。

（10）知覚と概念の融合については以下も参照。ERE 16: 37; MT 54: 46; MEN 31.

(11) ここで言われる「同じ種類の素材」とは、第2章で論じられた素材としての純粋経験にほかならない。すなわち、知覚と概念の相互作用を可能にする存在論的基盤が、素材としての純粋経験である。

(12) 概念のテストについては次節において論じる。

(13) この点については以下を参照。「概念的な認識が自己充足的であることを認める点では合理論者たちに与しながら、同時に、概念的な認識の十全な価値は概念的認識と経験的な実在を再び結びつけることによってのみ得られると主張する点では経験論に味方するということが可能である。こうした調停的な態度こそ、私たちの取るべき態度ではないか」(SPP 36: 51)。この引用からは、具体的な次元と抽象的な次元を行き来するジェイムズの姿勢を読み取ることができる。

(14) 哲学者が個人的なものや主観的なものから抜け出そうとすることは、かえって、その人が一般的なものを好む気質の持ち主であるという事実を浮き彫りにするだけである。この点は第5章において主題的に論じる。

(15) ジェイムズ哲学における世界の特徴については次節で論じる。

(16) ジェイムズ哲学のもうひとつの側面である宇宙の自己表現としての哲学については次節で論じる。

(17) この点については以下を参照。「私たち哲学者たるものは、あなた方が抱くそういう感じ〔=好きか嫌いかという本能的な人間的反応〕を考慮しなければならない。〔…〕すべて私たちの哲学を最終的に裁くべきものはそういう感じなのである」(P 25: 46)。

(18) 宗教において真偽を決める最終的な基準が、神学などの抽象的な思弁ではなく、個人の経験であるという点については、たとえば以下を参照。VRE 265-66: 下 116-18, 359-60: 下 296-97. ジェイムズの宗教論にこうした個人主義的傾向があることは、以下においても指摘されている。Taylor〔2002〕chaps. 1, 4; 高木〔1971〕174. さらに、こうした評価が存在することについては以下も参照。Smith〔1985〕xviii; 堀〔2003b〕36. また、この点については以下の拙稿でも論じた。大厩〔2016b〕.

(19) この点については以下を参照。「もし、ある理想についての判断が別の理想についての判断に比べて客観的により善いとすれば、その〈より善さ〉〔betterness〕は誰かの現実の知覚のうちに具体的に宿らされることによって肉づけされなければならない」(WB 147: 248. 強調は引用者による)。

(20) ここで哲学が宇宙による「至高の反応」と言われるのは、哲学が普遍性および包括性という点においてほかの学問より優っているとジェイムズが考えるからである。ジェイムズによれば、哲学は「宇宙の細部の記述ではなく宇宙全般の説明」(SPP 10: 5)を目指すことにその本分がある。くわえて、哲学が扱う問題は、「万物を貫く説明原理や、神、人間、動物、岩石などに共通な要素、全宇宙の進行の起点と終点、認識のあらゆる条件、人間の行為の最も普遍的な法則」（SPP 10: 5）といった普遍性を持つ（第2章で考察された純粋経験に基づく議論は、まさにこの意味における哲学であったと言える）。それゆえ、宇宙の一部である私たちがおこなう哲学は、宇宙自身の「反応」のなかでも普遍的であるという点において「至高」なのである。

(21) この点については以下を参照。Smith［1983］60: 87.

(22) 世界の「何であるか」が私たちの関心に依存しているという点については以下の箇所も参照。「いかなる一定の神学的偏見も持たずに世界を眺めるなら、私たちがいま秩序ないし無秩序と見ているものは、まったく人間の考え出したものであることが分かる。〔…〕自然は広大な空間〔plenum〕であり、そのなかで私たちの注意は無数の方向に勝手気ままな線を引いていく。私たちは、自分の辿る線上にあるものなら何でも勘定に入れ名前をつけるが、それ以外の事物や自分の辿ったことのない線には見向きもしない」（VRE 346n7: 下 272; cf. PP 1231）。

(23) 世界が可塑的で未完成なものだという点については以下の箇所も参照。「舞台装置が、天井桟敷の照明装置から代わる代わる注がれる光線を、それがどんな色であろうとおかまいなしに受け入れるように、世界の素材たちも、いかなる贈り物に対しても等しくその表面を受動的に貸し与える」（VRE 127: 上 229）。

(24) ここで、真理に関するジェイムズの考えを見ておこう。ジェイムズは真理について以下のように述べる。「真なる観念とは、私たちが同化し〔assimilate〔= 私たちがその観念を自分の経験のなかに然るべき位置を持つものとして取り込むこと〕〕、有効なものと認め、確認し、そして検証することのできる観念のことである。偽なる観念とはそうできない観念のことである」（P 97: 200）。つまり、ある考えや理論が真となるのは、それが以前に得られたもろもろの真理や私たちの信念と整合的であると感じられ、また、私たちがその考えや理論に従って行為すると、もろもろの障害が回避され、事態の滑らかな進行が可能になり、そのつどの目的に見合ったものが手に入り、しかもこれらのことを知覚的に確かめることができる場合だということである。たとえば、私はいま財布のなかに五千円札が入っていると思っている。昨日自分が入れたのを覚えているからである。その考えを（たいていは顕在的には意識せずに）抱いたまま買い物に行く。近所のコンビニで商品をレジまで持っていき財布を取り出す。紙幣を店員に渡し、商品と釣銭、レシートを受け取る。経験のこうした過程において、「五千円札を持っている」という私の思考は事態の進行に対して何ら障害――紙幣が見当たらないとか、二〇〇〇円の商品を買ったので三〇〇〇円のお釣りが返ってくるはずなのに、店員から金額が足りないと言われ、自分の渡した紙幣をよく見るとじつは千円札だった等々――をもたらさない。このような場合、この思考は真なるものとなる。

このように、真理とは、個々の具体的状況において考えや理論がもたらす帰結に応じて、その考えや理論に事後的に付加されるものである。ここでの帰結とは、ある考えが、その考えを抱く主体の行動を円滑に進行させてくれたり、ある理論がそれを支持する人に対して安心感や安らぎといった感情を与えたりするといったことを総称するものであり、「満足」とも呼ばれる（第4章註25を参照）。つまりジェイムズは、真理を、未来の事象によって考えに付加されるという意味で時間的なものと捉える。ある思考が真であるか否かはあらかじめ決まってはいない。事態の進展のなかでさまざまな帰結を生み出すことによって、その思考は真になるのである（P 97: 200-201）。

こうした仕方で真理となった考えや理論が、その後も同様の帰結を生みつづけ、また他者によっても真理とされつづける場合、その考えや理論は、常識、すなわち共通了解の得られた真理となる（こうした検証の詳細については第4章註25を参照）。本文の引用箇所で述べられている「過去から搾り取られた真理」とは、このような常識に属するもののことである。常識に関するジェイムズの考えについては『プラグマティズム』第五講を参照。

また、実在の反発や抵抗については以下の箇所も参照。「感覚的秩序の強制と理念的秩序の強制とのあいだに、私たちの心は抜き差しならず押し込められている」（P 101: 211）。筒井も、ジェイムズがこのような「所与の圧倒的な強制力」を強調し、私たちによる構造化に先立って、「いかんともしがたい事物の具体性そのものが、すでに私たちの側に許される寄与をかなりの程度規定してしまっている」と指摘する（筒井［2009］69n4）。さらにスミスも、ジェイムズ哲学における世界の可塑性と反発という性格について言及している（Smith［1983］46: 69, 60: 87）。

（25）私たちがある考えや理論を、第4章註24で述べられた意味において「真理」にすることを、ジェイムズは“veri-fication”（「検証」ないし「真理化」と訳される）（P 97: 200）と呼ぶ。“veri-fication”の基準としてジェイムズが挙げるのは、当事者が経験する「満足」である。満足とは、ある考えを抱いたとき、あるいはその考えから生じた事態に直面したときに、その考えの主体が感じる肯定的な諸感情である。そのなかには、その考えと以前に獲得された信念体系とのあいだの整合性および調和の感じ（MT 105: 99,

107: 101）や、第4章註24で挙げられた事態の滑らかな進行、また安心感といったものも含まれる。ある理論によって生じる帰結——その理論に基づく行動とその結果として生じる事態、その理論を信じることから生まれる感情など——が、その理論を支持する人にこうした意味における満足をもたらす場合、その理論はその限りで真なるものとして検証されたことになる。ある人が具体的に感じる満足は、それがいかなるときであっても、ある考えや理論を当の個人にとって真にする。この点については以下を参照。Kuklick［2001］159: 232-33. また、満足は複合的な概念であるから、「複数の基準によって測定されなければならない」（MT 40: 31）。つまり、ある理論の真偽を検証するには、その理論のもたらす満足がどのような意味におけるものなのかを知る必要があるのである。

くわえてジェイムズは、検証というものを個人的な範囲に限定されるべきものとは考えない。なぜならジェイムズは、ある理論がもたらした帰結を判定するとき、他者と一緒に検証することの可能性を認めているからである。「あなたはあることについての私の検証を受け入れることができ、私は別のことについてのあなたの検証を受け入れることができる。私たちは互いの真理を利用しあっているのである」（P 100: 207; cf. MT 54: 46-47）。検証作業において私たちが他者と協力することで、ある理論は協同で検証された理論となり、そこに客観性が付与される。

また、こうした検証の結果（つまりある理論の真偽の決定）は、その理論に従った行動の帰結を評価する観点によって、すなわち、その理論がもたらす満足を、いつ、誰が、どのような関心や基準のもとで測るかによって異なる。つまり、理論の真理性は観点に相対的である（P 98: 202-204, 111: 232-33; cf. 林［2013］6）。それゆえ、ある面においては満足をもたらすが、別の面ではもたらさないような理論は、どの観点から測られるかによってその真偽が変わる。たとえば、全知、全能、最善の絶対者を奉じる理論は、私たちに救済を約束し慰めを与えてくれるという点においては大きな満足をもたらすので、その限りで真となる（P 41: 81-82, 75: 156-57, 140: 292-93）。反対に、世界に不完全さや変化が事実として存在するにもかかわらず、この理論がそれらの問題に対して不十分な説明しか与えていないという観点から見れば、この理論は偽となる（P 20: 35-36, 43: 87, 141: 295-96）。このようにジェイムズは、真理というものをさまざまな観点および場面においてそのつど評価される多面的なものと捉えたのである。なお、検証については第5章第4節においても論じる。

（26）第4章註24、25において述べられたように、世界に真理が成立するためには、世界の内部にいる個々の主体による検証作業が不可欠である。すなわち、ある考えや理論から生じる帰結が主体に満足をもたらすときにのみ、その考えや理論には真理という性質が付与される。反対に、そうした満足を与えられない理論や思考は偽なるものとなる。ここに、真理が成立する際の主観的側面と客観的側面という二側面の協同作業が見出される。すなわち、一方で、真理の成立は私たちの感じる満足に依存する（真理の主観的側面）のだが、他方で、理論が私たちに満足をもたらしうるか否かは、世界がその理論の要求に答えるようなあり方をしているか否かに依存する（真理の客観的側面）。これら二側面をつなぐものが、検証作業、すなわち理論や考えに基づく私たちの具体的行動である。この点については以下も参照。Smith［1983］47: 70. また、安澤も、「「真理化」の過程は、人間のみの所産ではなく、人間が知覚経験を通して、実在がその可能性として蔵する「新しさ」を「発見し、その行為を通して展開する」ことに他ならない」と述べる（安澤［1996］114）。

（27）この点については、テイラーらが「根本的に多元的な［＝複数の中心がある］純粋経験一元論」がジェイムズ哲学の特徴だと述べていること（Taylor & Wozniak［1996］xiv）、またビョークがジェイムズ哲学における「継ぎ目のなさ［seamlessness］」を強調していること（Bjork［1988］218, 223）を参照。

（28）フェヒナーは一九世紀のドイツにおいて科学的心理学の一分野である精神物理学（Psycholophysik）を創始したことで知られる。その主著『精神物理学原論』（*Elemente der Psycholophsik*）の刊行年である一八六〇年は、科学的心理学の成立年と見なされることもある。この書においてフェヒナーは、物質的世界に属する刺激と、心的世界に属する感覚との関係を数量的に記述し、感覚量が外的刺激の量の対数に比例すると定式化することで、自然科学としての心理学の成立に貢献した。こうした点については以下を参照。岩渕［2007］1, 5-7. しかし、フェヒナーの精神物理学は、単に刺激と反応のあいだの数量的関係を調べることに尽きるものではない。それは、本節で述べられるような彼の宇宙論を基礎づけるためのものであり、物質的世界と心的世界との関係を解明しようという構想の一部であった。にもかかわらず、その本来の意図である宇宙論的な含意は当時の人々から無視され、刺激と反応のあいだの数量的関係を調べるという、表面に現われた方法と結果しか顧みられなかった。フェヒナーに対するこのような誤解があることについては以下を参照。Reed［1997］xv: 20-21, 95-98: 161-66; 新井［1969a］42; 岩渕［2007］2.

（29）この著作は一八三六年に「ミーゼス博士」という筆名で出版された。その後、一八六六年には第二版が本名で出されている。初版は九章構成だったが、第二版では加筆や順序の変更などがおこなわれ、一二章構成となった（今井［1992］6）。第三版はフェヒナーの死後の一八八七年に出版されたが、ここでは大きな変更は加えられていない（岩渕［2007］11-12）。また、第三版の各章ごとの概要については今井が簡潔にまとめている（今井［1992］2-6）。

ところで、『死後の生についての小冊子』は、その筆致、自然哲学的思考、宗教的、倫理的見地といった点から見て、後年のフェヒナーの思想の多くが先取りされており、彼の主要著作に数えられる（今井［1992］1）。その邦訳としては、平田元吉訳『死後の生活』（丙午出版社、一九一〇年）、佐久間政一訳『死後の生存』（北隆館、一九四八年）、上田光雄訳『宇宙光明の哲學・霊魂不滅の理説』（光の書房、一九四八年）などがある。また、近年、服部千佳子訳『フェヒナー博士の死後の世界は実在します』（成甲書房、二〇〇八年）も出ているが、これは英訳からの重訳であり、訳語の不適切な選択、断りのない改行の追加、脱文など多くの問題が見られる。同様の指摘は以下を参照。岩渕［2014］23-24, 第4章註（2）。

（30）この序文は以下に収録されている。ERM 116-19. また、その概要については以下を参照。今井［1992］2. ちなみにジェイムズは、これらのフェヒナー論よりも前に、『原理』第一三章「弁別と比較」や第二〇章「空間の知覚」などにおいてフェヒナーの精神物理学について論じているが、そこでの評価は後年のものとはかなり異なり、「固有の心理学的成果はまったくない」（PP 504）とか、「脚註にも挙げたくない」（PP 518）といった非常に手厳しいものである。この点については以下を参照。今井［1991］10-12.

（31）ただし、フェヒナーの宇宙論は精神と物質の並行論を前提としているのに対して、そうした二元論的枠組みを解消するのがジェイムズの純粋経験論なのだから、両者の類似関係を全面的なものと見なすのは危険である。

（32）フェヒナーの世界観の詳細については以下を参照。Skrbina［2005］122-26; 新井［1969b］; 岩渕［2007］; 岩渕［2008］; 伊藤［2009］191-214; 岩渕［2014］; 福元［2020］第一部。

（33）この点については以下を参照。新井［1969b］32-33.

（34）「光の世界観」、「闇の世界観」という訳語については以下を参照。岩渕［2008］24-25n3.

（35）新井は、こうした考えがフェヒナーの「根本思想」である"Allbeseelung"、すなわち「万有は（神的）魂をもった生けるものである」（新井［1969b］23）という主張だと述べる。

（36）この点については以下も参照。「フェヒナーの宇宙は多元的である。なぜなら、それはまさしく純粋な経験のなかで出現する宇宙、意識の超大規模な複合によって具体的に形成され、互いに影響を及ぼしあい、作用しあう天使的魂としての天体が作り出す、一大社会としての宇宙であるからである。花々の世界があり、動物の世界があり、山々や太陽の世界があり、生命と非生命のすべてとを複合した地球 - 霊魂がある。地球と太陽の魂が働きあって作り出される太陽があり、太陽系が無数の星々と連合して作り出される銀河があり、銀河と無数の他の星雲との統合による銀河団、星雲の渦がある。これらはすべて、一であるとともに多でもあるという、社会のような形式の世界、あるいはコロイド状に結びついた存在の集合が、何重にも重なり合って作り出す宇宙である」(伊藤［2009］229)。

(37) 次の箇所も参照。「私たち自身においては、視覚は目に伴い、触覚は皮膚に伴う。しかし、目や皮膚は互いの感覚のことを何も知らないが、それらはより包括的な意識、すなわち私たち各人が自己と呼ぶもののなかに一緒に現われて一種の関係を結ぶ。まったく同様に——とフェヒナーは言う——私の意識とあなたの意識は直接には離れており互いのことを知らないが、より高い意識、すなわち人類の意識においては知られており、一緒に用いられると考えなくてはならない。この人類の意識のなかに、私の意識とあなたの意識は構成部分として入っていく。同様に、全人類の王国と動物の王国は、より広い意識の成立条件として一緒になる。このより広い意識は、地球の魂のなかで植物の意識と結ばれる。さらに、この地球の魂が全太陽系の意識の経験に寄与し、以下同様といったように、総合から総合へ、高みから高みへと進み、ついには絶対的に普遍的な意識に到達するのである」(PU 72-73: 119)。

(38) くわえてジェイムズは、『多元的宇宙』第七講において、フェヒナーの論じる神が結局は有限な存在者になると述べ、そのような神観に自説との親近性を認めている。「フェヒナーが神を明晰な仕方で表そうとしているところでは、この神はつねに通常の有神論の〔有限な〕神となり、絶対的に全体化された全面的包括者であることをやめている。このような有限な姿を取った神は、もろもろの事物の理想的な要素を体現しているだけであり、宇宙の内にある悪なる部分に対抗する戦いにおいて、私たちとともに戦う闘士であると同時に支援者であり、私たちもまたこの神の支援者なのである」(PU 133: 225)。

また、ジェイムズは、「通常の一元論的な観念論」が「中間的なものを顧みない」(PU 81: 133)、「薄っぺらい」ものであるのに対して、フェヒナーの世界観は具体性、精彩さ、生き生きとした描写において優れていると評する(PU 72: 118-19)。この点については以下の箇所も参照。「フェヒナーについて私が驚嘆するのは、その強烈な具体性とディテールの豊かさである」(PU 64: 105)。

(39) 絶対者としての神に対するジェイムズの批判は第5章第2節で論じる。

(40) この点については以下も参照。「彼［=ジェイムズ］の宇宙論の独特の要請によれば、哲学者による何らかの宇宙にかんする哲学的モデルの提唱は、それ自体が宇宙の内なる局所的部分からする宇宙全体の自己表現という作業なのであり、高次の意識との協同を認めるこの〔フェヒナーの〕理論は、こうした宇宙の自己表現としての哲学的宇宙論の構想という企てにとって、最も自然なモデルとなっている」（伊藤〔2009〕149）。

（41）この点については以下を参照。伊藤〔2009〕240.

第5章

（1）従来これらの概念についての個別的な研究はなされてきたが、それらを相互に関係づけて論じたものは少ない。ランバースと伊藤は、ジェイムズ哲学を「親密さの形而上学」を描く試みとして捉える点で本章の議論と軌を一にする（Lamberth〔1999〕ch.4; 伊藤〔2009〕第Ⅱ部）。この点については第5章註11も参照。しかし、両者とも、合理性の感情と信じる意志についてはほとんど言及していない。

（2）もちろん、個人の行動や学説が気質によって完全に決定されてしまうわけではない。以下で論じられるように、ジェイムズは正真正銘の選択を迫られる場面での気質による決定を擁護するが、だからといって私たちが気質に必ず従わねばならないということにはならない。

（3）この図は以下を参照しつつ、筆者が作成した。Lamberth〔1999〕154.

（4）親密さの以上のような特徴および評価機能については以下を参照。Lamberth〔1999〕155-58; 林〔2010〕85.

（5）以下で示される哲学説の分類は多分に図式的なものである。しかし、本節の目的は、この図式の当否を論じることにはない。むしろ、このように（暫定的に）分類された世界観のなかから、私たちが特定のヴィジョンを選択する過程をジェイムズがどのように捉えていたかを明らかにし、彼の信念論の特徴を浮き彫りにすることが本節の主眼である。

（6）この点については以下を参照。堀〔2003a〕86. また、以下の箇所も参照。「私たち現代人は、より親密な世界観の可能性をつかんだのであり、私たちの注目に値する意見はすべて、汎神論的なヴィジョンの領域とでも大まかに呼べるものの範囲に入ってくる」（PU 19: 25）。ここでは、汎神論的思想が当時盛んになりつつあったというジェイムズの認識が示されている。

（7）これはT・H・グリーンやF・H・ブラッドリーの立場で、英国観念論（British Idealism）とも呼ばれた。また、米国における代表的な観念論者でありハーヴァードでジェイムズの同僚でもあったＪ・ロイスも同様の思想傾向を持つ。

（8）この点については、堀が絶対的観念論者を「仮装した神学者」と述べていることも参照（堀［2003a］92）。

（9）この点については以下も参照。堀［2003a］91. また、この立場が「多元的」と呼ばれるのは、唯一の絶対的存在者を認めず、神の複数性や可謬性を主張するからである。

（10）有限な神については以下を参照。堀［2010］221. 堀は、神を「現に私たちと交流しうるほどに同質的な意識を有する存在」として捉えることがジェイムズの根本的な信念だと述べる。

（11）以上の議論については以下を参照。Lamberth［1999］158-61. また、伊藤も、ジェイムズが「主観的な感じの親密さと客観的経験の連接的結合とを包含する」ような「親密さを基準にした新しい存在論」の構築を目指していたと述べる（伊藤［2009］189）。

（12）この点については以下を参照。堀［2003a］93.

（13）この点については以下も参照。堀［2003a］85-88. ちなみに、唯心論に対するジェイムズの共感は、『多元的宇宙』が出版される二〇年以上前におこなわれた講演にも見出すことができる。これは、「合理性の感情」論文の後半部に再録されている（WB 75: 119）。

（14）「信じる意志」論文の概要については以下も参照。Slater［2009］19.

（15）ここで言われる仮説とは、「私たちの信念に提示されるすべてのもの」（WB 14: 5）を指す。

（16）林によれば、当人がその仮説に対して感じる現実感の有無が仮説の生死を決める（林［2014］104）。

（17）ジェイムズが挙げる例は、北極行きの調査隊に加わるというものである（WB 15: 7）。

（18）この点については以下を参照。林［2014］110. また、武本は正真正銘の選択がなされる状況を「窮境」と呼び、私たちが信じる意志を行使する権利は「窮境ならばこその権利」だと述べている（武本［1995］108-109）。

（19）この点については以下も参照。Slater［2009］32.

（20）この点については以下も参照。Slater［2009］37, 41-42.

（21）このような誤解があることについては以下を参照。Madden［1979］xxiii, xxxviii; Smith［1983］69: 98; Welchman［2006］229; Slater［2009］21n3; 林［2014］110.

(22) こうした批判は以下に見られる。Hick［1990］60: 127.

(23) こうした批判は以下に見られる。Russell［1961］769-70: 290-91. また、エイヤーによる批判（Ayer［1968］194-96）も、ジェイムズの扱う対象が強制された判断であること――これは正真正銘の選択の構成要件のひとつであった――を見落としているため妥当な批判ではない。

(24) この点については以下も参照。Smith［1983］70-71: 99-100. くわえて批判者たちは、信念が行為とその結果によって検証されるという次元も見逃している。本章第4節を参照。

(25) この点についてはジェイムズが、自身を批判した英国の政治学者、社会学者であるL・T・ホブハウス（一八六四―一九二九）宛の手紙で、「私の論文では、私的な過剰信念［＝証拠によって確かめられている事柄以上のことを信じること］に耽る権利を非常に多くの制限と〈危険！〉という看板で囲んでおいたので、その〔私の主張の〕出口は十分に狭くなっています」（LWJ vol. 2, 207; cf. Madden［1979］xxii-xxiii）と述べていることも参照。ここで述べられている「制限」とは、先述の条件、すなわち選択が正真正銘のものであるという条件と、知的根拠によっては決定できないという条件である。しかし、先に見た複数の誤解を考慮すれば、このジェイムズの見とおしは甘かったと言わざるをえない。

(26) この点については以下も参照。Slater［2009］23.

(27) とはいえ、信じる意志を濫用する軽率な態度を批判するというジェイムズの行為自体も、彼自身の信じる意志に基づいている。この点については本節第3項で論じる。

(28) 信じる意志を哲学説の選択に適用することの妥当性については以下の箇所も参照。SPP 115: 202-203. ジェイムズはその箇所において、形而上学的立場の選択が留保を許さない強制されたものであり、しかも選択から導かれる結果が重大なものである（また、明確には述べられていないが、問題になっている複数の立場はもちろん生きた仮説であろうから、この選択は正真正銘の選択の三要件を満たすことになる）と述べ、「信じる意志」論文を参照するよう指示している。

(29) それゆえ、本節第2項で論じられた熱狂的信仰を批判する科学的知にも、この知を擁護する個人の「心情」――盲目性よりも厳密性を重視したいという心情――が含まれることになる。

(30) たとえば、キリスト教における聖餐を巡る複数の立場（全実体変化説、実体共存説、象徴説、臨在説など）は、異なる宗教を信じる人やキリスト教とは別の文化圏に属する人にとっては、どれも死んだ仮説であろう。

（31）この点については以下も参照。Levinson［1981］52; Slater［2009］30-31.

（32）この点については以下の箇所も参照。「もちろん、信仰は独断的な態度ではなく、実際的な態度でなければならない。またそれは、ほかの信仰に対する寛容と、最も蓋然的なものを追求する態度と、責任と危険に対する十分な自覚とを伴うものでなければならない」（SPP 113: 199）。

（33）ここで銘記すべきことは、信じる意志に従った結果が、成功、失敗、称賛、非難、報復、無視など、どのようなものであろうと、私たちはそれを受け止めざるをえないという点である。たとえば、ある人にとって大学院に進学するか否かが知的根拠に基づいては決定されえない正真正銘の選択であるとしよう。その場合、この人はみずからの信じる意志を行使して一方の選択肢――たとえば進学すること――を選ぶことになる。その結果として、筆記試験、面接、合格の通知、授業や学会への出席、あるいは周囲の人々の無理解や経済上の困難、研究の行き詰まりなど、さまざまな事象が起こるだろう。ある場合には、その人はそのような結果から目を背け、結果に対して積極的に働きかけようとすることを拒む（たとえば、周囲の無理解という事態に対して、理解を得るべくそれらの人々と話し合うということをしない）かもしれない。しかし、結果に積極的に対処しないこともひとつの選択であり行為である限り、それもまた何らかの結果（周囲との関係はますます疎遠になる）を引き起こす。そのような結果は、やはりその人が経験し、引き受けざるをえないものである。それゆえ、結局のところ、結果から本当に目を「背ける」ことはできないのである。

（34）ここでの仮説の真理性とは、その仮説を用いることによってもたらされる満足によって決められる。すなわち、「某が時間をきちんと守らない人だ」という仮説が、以前の真理や私たちの信念と整合的であると感じられ、私がその仮説に従って行為すると、事態の滑らかな進行が可能になるとき、いいかえれば、私が知覚する彼または彼女の言動や第三者からの伝聞などと齟齬をきたさず、調和の感じを覚えるとき、この仮説は真となる。真理および検証については第4章註24、25、26を参照。

（35）この点については以下も参照。Lamberth［1999］161.

（36）この点については以下の箇所を参照。「私が〔自分の立場を〕「経験論」と呼ぶのは、この態度が、事実に関する最も確かな結論さえ将来の経験の行程において修正されるかもしれない仮説と見なすことに甘んじるからである」（WB 5: 1-2）。たとえばジェイムズは、唯物論や絶対的観念論を、みずからの立場である多元的汎神論——徹底した経験論——に対立するものとして厳しく批判するが、だからといってそれらの立場が必然的に偽であると考えているわけではない。ジェイムズは、いつの日かそれらの立場が最も満足できる仮説となる可能性を認めている（P 79: 164）。それゆえ、ジェイムズは自身の立場が覆されうるものであることをも許容していると言える。けれども、そういった判定は、あくまで「経験による最終的確認を待つ」（P 79: 164）必要がある（もっとも、絶対的観念論を最終的に真たらしめる経験というものが具体的にどのようなものなのかは判然としないが）。

（37）この点については、安澤と堀がジェイムズの営みを「賭け」と表現していることも参照。安澤［1998］20; 堀［2004］31.

（38）検証については第4章註25も参照。

（39）この点については以下も参照。Moller［2008］¶ 25.

（40）この点については以下も参照。Gavin［1992］54.

結論

（1）以上の点については、たとえば以下を参照。Mander［2011］; Boucher & Vincent［2012］; Mander［2014］.

（2）この点に関する近年の研究としては、たとえば以下を参照。Kuklick［2001］; Goodman［2002］; Misak［2008］; Goodman［2015］.

（3）この点については、たとえば以下を参照。Schneider［1963］chaps. 35-36; Kuklick［2001］ch. 7; Campbell［2006］.

（4）W・T・ハリス（一八三五―一九〇九）やH・C・ブロックマイヤー（一八二八―一九〇六）など、一九世紀中ごろにドイツ留学を経験し、ドイツ観念論の影響を受けた人々を指す。彼らは『思弁哲学雑誌』（*Journal of Speculative Philosophy*）を創刊した。以下を参照。Goetzmann［1973］.

（5）このなかには、ジェイムズの評伝（Perry［1935］）を著したペリーや、ハーヴァード出身でコロンビア大学で教鞭を執ったW・P・モンタギュー（一八七三―一九五三）などが含まれる。彼らの活動については以下を参照。大厩［2021a］.

（6）この点については以下を参照。Schneider［1963］ch. 44; Kuklick［2001］ch. 11; De Waal［2001］.

（7）その試みの一端は以下の拙論においておこなった。大厩［2020］; 大厩［2021b］.

参考文献

【欧語文献】

Ayer, A. J.［1968］*The Origins of Pragmatism: Studies in the Philosophy of Charles Sanders Peirce and William James*. London: Macmillan.

Bailey, Andrew.［1998］"The Strange Attraction of Sciousness: William James on Consciousness," *Transactions of the Charles S. Peirce Society*, Vol. 34, No. 2, 414-34.

Basile, Pierfrancesco.［1999］*Experience and Relations: An Examination of F. H. Bradley's Conception of Reality*. Berne: Paul Haupt.

———［2014］"Bradley's Metaphysics," in Mander, *ed.*［2014］*British Philosophy in the Nineteenth Century*, 189-208.

Barzun, Jacques.［1983］*A Stroll with William James*. New York: Harper & Row.

Bergson, Henri.［1938］*La pensée et le mouvant*. Paris: PUF.（『思考と動き』原章二訳、平凡社ライブラリー、2013年）

Bernstein, Richard J.［1977］"Introduction" to *A Pluralistic Universe*, xi-xxix.

Bird, Graham.［1986］*William James*. New York & London: Routledge & Kegan Paul.

Bjork, Daniel W.［1988］*William James: The Center of his Vision*. New York: Columbia University Press.

Bode, Henry Boyd.［1905a］"'Pure Experience' and The External World," *The Journal of Philosophy, Psychology and Scientific Methods*, Vol. 2, No. 5, 128-33; reprint, Taylor & Wozniak, *eds.*［1996］*Pure Experience*, 55-60.

———［1905b］"The Concept of Pure Experience," *The Philosophical Review*, Vol. 14, No. 6, 684-95.

———［1905c］"Cognitive Experience and Its Object," *The Journal of Philosophy, Psychology and Scientific Methods*, Vol. 2, No. 24, 658-63.

Boucher, David & Vincent, Andrew.［2012］*British Idealism: A Guide for the Perplexed*. New York: Continuum.

Bradley, F. H.［1897］*Appearance and Reality: A Metaphysical Essay*, 2nd ed. Oxford: Clarendon Press; 9th imp. 1969.

Campbell, James.［2006］*A Thoughtful Profession: The Early Years of the American Philosophical Association*. Chicago: Open Court Press.

Cooper, Wesley.［2002］*The Unity of James's Thought*. Nashville, TN: Vanderbilt University Press.

De Waal, Cornelis.［2001］"Introduction" to *American New Realism 1910-1920*, Vol. 1. Bristol: Thoemmes Press, xiii-xxxv.

———*ed.*［2001］*American New Realism 1910-1920*. 3 volumes. Bristol: Thoemmes Press.

Ferreira, P. [1999] *Bradley and the Structure of Knowledge*. Albany, New York: State University of New York Press.

Flournoy, Théodore. [1917] *The Philosophy of William James*. New York: H. Holt & Co..

Ford, Marcus Peter. [1982] *William James's Philosophy: A New Perspective*. Amherst: The University of Massachusetts Press.

Gale, Richard M. [1999] *The Divided Self of William James*. Cambridge: Cambridge University Press.

Gavin, William Joseph. [1992] *William James and the Reinstatement of the Vague*. Philadelphia: Temple University Press.

Goetzmann, William H. [1973] *The American Hegelians: an intellectual episode in the history of Western America*. New York: Knopf.

Goodman, Russell B. [2002] *Wittgenstein and William James*. New York: Cambridge University Press. (『ウィトゲンシュタインとウィリアム・ジェイムズ――プラグマティズムの水脈』嘉指信雄＋岡本由起子＋大厩諒＋乗立雄輝訳、岩波書店、2017年)

――― [2015] *American Philosophy Before Pragmatism*. New York: Oxford University Press.

Hare, Peter H. [1979] "Introduction" to *Some Problems of Philosophy*, xiii-xli.

Hick, John H. [1990] *Philosophy of Religion*, 4th ed. New Jersey: Prentice-Hall, Inc. (『宗教の哲学』間瀬啓允＋稲垣久和訳、勁草書房、1994年)

Hollands, Edmund H. [1908] "Neo-Realism and Idealism," *The Philosophical Review*, Vol. 17, No. 5, 507-17.

James, William. [1975] *Pragmatism*. Cambridge, Mass.: Harvard University Press. (『プラグマティズム』桝田啓三郎訳、岩波文庫、1957年／2010年改版)

――― [1975] *The Meaning of Truth*. Cambridge, Mass.: Harvard University Press. (『眞理の意味』岡島亀次郎訳、世界大思想全集40、春秋社、1931年)

――― [1976] *Essays in Radical Empiricism*. Cambridge, Mass.: Harvard University Press. (『根本的経験論』桝田啓三郎＋加藤茂訳、白水社、1998年；『純粋経験の哲学』伊藤邦武編訳、岩波文庫、2004年〔chaps. 1, 2, 4-6の訳〕。邦訳頁は白水社版を併記。)

――― [1977] *A Pluralistic Universe*. Cambridge, Mass.: Harvard University Press. (『多元的宇宙』著作集6、吉田夏彦訳、日本教文社、1961年／『純粋経験の哲学』伊藤邦武編訳、岩波文庫、2004年〔chaps. 7-8の訳〕。邦訳頁は日本教文社版を併記。)

――― [1979] *The Will to Believe and Other Essays in Popular Philosophy*. Cambridge, Mass.: Harvard University Press. (『信ずる意志』、ウィリアム・ジェイムズ著作集2、福鎌達夫訳、日本教文社、1961年；「信じる意志」吉田正史訳〔その一～四：序文と第1章第9節までの訳〕、『九州栄養福祉大学研究紀要』第6号〔1-6頁、2009年〕、第8号〔1-6頁、2011年〕、第9号〔1-7頁、2012年〕、第10号〔1-6頁、2013年〕。邦訳頁は日本教文社版を併記)

――― [1979] *Some Problems of Philosophy*. Cambridge, Mass.: Harvard University Press. (『哲学の諸問題』著作集7、上山春平訳、日本教文社、1961年)

――― [1981] *The Principles of Psychology*. 3 volumes. Cambridge, Mass.: Harvard University Press. (『ウィリアム・ジェームズの心理思想と哲学』今田恵編訳、世界大思想全集15、河出書

房、1956年、131-286頁〔chaps. 1-8の訳〕／『心理學の根本問題』松浦孝作訳、三笠書房、1940年〔chaps. 4, 10の訳〕）

———〔1982〕*Essays in Religion and Morality*. Cambridge, Mass.: Harvard University Press.

———〔1983〕*Essays in Psychology*. Cambridge, Mass.: Harvard University Press.

———〔1985〕*The Varieties of Religious Experience*. Cambridge, Mass.: Harvard University Press.（『宗教的経験の諸相』上下、桝田啓三郎訳、岩波文庫、1969-70年）

———〔1988〕*Manuscript Lectures*. Cambridge, Mass.: Harvard University Press.

———〔1988〕*Manuscript Essays and Notes*. Cambridge, Mass.: Harvard University Press.

———〔2008〕*The Letters of William James: 2 volumes combined*. New York: Cosimo.

Kuklick, Bruce.〔2001〕*A History of Philosophy in America 1720-2000*. New York: Oxford University Press.（『アメリカ哲学史——一七二〇年から二〇〇〇年まで』大厩諒＋入江哲朗＋岩下弘史＋岸本智典訳、勁草書房、2020年）

Lamberth, David C.〔1999〕*William James and the Metaphysics of Experience*. New York: Cambridge University Press.

Levinson, Henry Samuel.〔1981〕*The Religious Investigations of William James*. Chapel Hill: University of North Carolina Press.

Mackenzie, J. S.〔1906〕"The New Realism and the Old Idealism," *Mind*, New Series, Vol. 15, No. 59, 308-28.

Madden, Edward H.〔1979〕"Introduction" to *The Will to Believe*, xi-xxxviii.

Mander, W. J.〔1994〕*An Introduction to Bradley's Metaphysics*. Oxford: Clarendon Press.

———*ed.*〔2011〕*British Idealism: A History*. Oxford: Oxford University Press.

———*ed.*〔2014〕*The Oxford Handbook of British Philosophy in The Nineteenth Century*. Oxford: Oxford University Press.

McDermott, John J.〔1976〕"Introduction" to *Essays in Radical Empiricism*, xi-xlviii.

———*ed.*〔1977〕*The Writings of William James: A Comprehensive Edition*. Chicago & London: The University of Chicago Press.

Miller, Dickinson S.〔1908〕"Naïve Realism; What Is It?" *Essays philosophical and psychological in honor of William James by his colleagues at Columbia University*, New York: Longman, 1908, 231-61; reprint, Taylor & Wozniak, *eds.*〔1996〕*Pure Experience*, 172-88.

Misak, Cheryl, *ed.*〔2008〕*The Oxford Handbook of American Philosophy*. New York: Oxford University Press.

Moller, Mark.〔2008〕""The Many and the One" and the Problem of Two Minds Perceiving the Same Thing," *William James Studies*, Vol. 3.（http://williamjamesstudies.org/the-many-and-the-one-and-the-problem-of-two-minds- perceiving-the-same-thing/, visited Aug. 27, 2021）

Moore, G. E.〔1903〕"The Refutation of Idealism," *Mind*, New Series, Vol. 12, No. 48, 433-53.（『観念論の論駁』国嶋一則訳、勁草書房、1960年、105-52頁）

Myers, Gerald E.〔1986〕*William James: His Life and Thought*. New Haven: Yale University Press.

———〔1997〕"Pragmatism and introspective psychology," in Putnam, *ed.*〔1997〕*The Cambridge*

Companion to William James, 11-24.

Perry, Ralph Barton. [1935] *The Thought and Character of William James*. 2 volumes. Boston: Little, Brown & Co..

――――― [1938] *In the Spirit of William James*. New Haven: Yale University Press; reprint, Bloomington: Indiana University Press, 1958.

Putnam, Ruth Anna, *ed.* [1997] *The Cambridge Companion to William James*. New York: Cambridge University Press.

Reed, Edward S. [1997] *From Soul to Mind: The Emergence of Psychology, from Erasmus Darwin to William James*. New Haven: Yale University Press. (『魂《ソウル》から心《マインド》へ――心理学の誕生』村田純一＋染谷昌義＋鈴木貴之訳、講談社学術文庫、2020年)

Russell, Bertrand. [1961] *A History of Western Philosophy*, new edition. New York: Simon and Schuster. (『西洋哲學史』下、市井三郎訳、みすず書房、1956年)

Sabine, George H. [1905] “Radical Empiricism as a Logical Method,” *The Philosophical Review*, Vol. 14, No. 6, 696-705; reprint, Taylor & Wozniak, *eds.* [1996] *Pure Experience*, 79-89.

Schneider, Herbert W. [1963] *A History of American Philosophy*, 2nd ed. New York: Columbia University Press.

Seigfried, Charlene H. [1973] “The Structure of Experience for William James,” *Transactions of the Charles S. Peirce Society*, Vol. 12, No. 4, 330-47.

Skrupskelis, Ignas K. [1988] “Introduction” to *Manuscript Lectures*, xvii-lxiii.

Slater, Michael R. [2009] *William James on Ethics and Faith*. Cambridge: Cambridge University Press.

Smith, John E. [1983] *The Spirit of American Philosophy*, revised edition. Albany: State University of New York Press. (『アメリカ哲学の精神』松延慶二＋野田修訳、玉川大学出版部、1980年)

――――― [1985] “Introduction” to *The Varieties of Religious Experience*, xi-li.

Taylor, Charles. [2002] *Varieties of Religion Today: William James Revisited*. Cambridge, Mass.: Harvard University Press. (『今日の宗教の諸相』伊藤邦武＋佐々木崇＋三宅岳史訳、岩波書店、2009年)

Taylor, Eugene I. & Wozniak, Robert H., *eds.* [1996] *Pure Experience: The Response to William James*. Bristol: Thoemmes Press.

Welchman, Jennifer. [2006] “William James's “The Will to Believe” and the Ethics of Self-Experimentation,” *Transactions of the Charles S. Peirce Society*, Vol. 42, No. 2, 229-41.

Wild, John Daniel. [1969] *The Radical Empiricism of William James*. Garden City, New York: Doubleday.

【邦語文献】

新井昭広［1969a］「テオドール・フェヒナーの根本思想」、『近畿大学教養学部研究紀要』第１号、33-44頁

――――― ［1969b］「テオドール・フェヒナーの根本思想（承前）」、『近畿大学教養学部研究紀要』第

2号、21-44頁
伊佐敷隆弘［2010］『時間様相の形而上学　現在・過去・未来とは何か』、勁草書房
伊藤邦武［2009］『ジェイムズの多元的宇宙論』、岩波書店
――――［2016］『プラグマティズム入門』、ちくま新書
今井仙一［1948］『ウィリアム・ジェームズの哲学』、白日書院
今井道夫［1991］「グスタフ・テオドール・フェヒナーの哲学（1）――序説」、『札幌医科大学人文自然科学紀要』第32号、7-14頁
――――［1992］「グスタフ・テオドール・フェヒナーの哲学（2）――『死後の生についての小冊子』」、『札幌医科大学人文自然科学紀要』第32号、1-7頁
今田恵［1957］『ジェームズ心理學』、弘文堂
岩渕輝［2007］「グスタフ・フェヒナーの生命思想――精神物理学との関わりにおいて」、『明治大学教養論集』第416号、1-27頁
――――［2008］「グスタフ・フェヒナーの〈光の世界観〉――一九世紀生命思想の現代的意義」、『明治大学教養論集』第434号、1-29頁
――――［2014］『生命の哲学　知の巨人フェヒナーの数奇なる生涯』、春秋社
――――［2015］「グスタフ・フェヒナーの〈意識の閾〉概念――1870年代から1970年代にかけてのわが国におけるその受容」、『明治大学人文科学研究所紀要』第76冊、209-39頁
魚津郁夫［2006］『プラグマティズムの思想』、ちくま学芸文庫
宇野重規［2013］『民主主義のつくり方』、筑摩選書
大賀祐樹［2015］『希望の思想　プラグマティズム入門』、筑摩選書
大厩諒［2016］「『宗教的経験の諸相』における四つの連続性――ジェイムズ宗教論の意図と射程」、『プロセス思想』第17号、日本ホワイトヘッド・プロセス学会、69-82頁
――――［2020］「古典的プラグマティズム再考　共訳書紹介を兼ねて」、『フィルカル』第5巻2号、ミュー、140-53頁
――――［2021a］「「六人の実在論者による計画趣意書および最初の綱領」訳解」、『紀要　哲学』第63号、中央大学文学部、1-16頁
――――［2021b］「観念論から実在論へ――世紀転換期アメリカ哲学史（1）――」、『人文研紀要』第98号、中央大学人文科学研究所、345-78頁
岡本裕一朗［2012］『ネオ・プラグマティズムとは何か――ポスト分析哲学の新展開』、ナカニシヤ出版
冲永宜司［2007］『心の形而上学――ジェイムズ哲学とその可能性』、創文社
小熊虎之助［1920］『ウィリアム・ジェームズ及び其思想』、心理学研究会
加賀裕郎＋高頭直樹＋新茂之編［2017］『プラグマティズムを学ぶ人のために』、世界思想社
加藤茂［1974］「事象そのものへの還帰――W・ジェイムズの fringe 概念と現象学」、『哲学誌』第17号、東京都立大学哲学会、79-102頁
岸本智典編著、入江哲朗＋岩下弘史＋大厩諒著［2018］『ウィリアム・ジェイムズのことば』、教育評論社
高坂正顕［1964］「プラグマティズム」、『高坂正顕著作集』第4巻、理想社、177-308頁

城田敏郎［1986］「W・ジェイムズの〈経験の多元的形而上学〉」、『日本デューイ学会紀要』第27号、73-78頁
高木きよ子［1971］『ウィリアム・ジェイムズの宗教思想』、大明堂
武本正博［1995］「ウィリアム・ジェイムズにおける合理性の感情」、『京都光華女子大学研究紀要』第33号、91-112頁
筒井史緒［2009］「ウィリアム・ジェイムズの宗教的行為──『宗教的経験の諸相』執筆そのものの宗教性」、『宗教哲学研究』第26号、北樹出版、53-70頁
寺中平治［1982］「T・H・グリーンと分析哲学」、行安茂＋藤原保信編『T・H・グリーン研究』、御茶の水書房、221-43頁
永井均［2010］『転校生とブラック・ジャック──独在性をめぐるセミナー』、岩波現代文庫
林研［2010］「宗教はいかにして人を救うのか──ウィリアム・ジェイムズの救済論」、『哲學論集』第57号、大谷大学哲学会、75-92頁
────［2013］「プラグマティズムと科学・宗教──ウィリアム・ジェイムズの真理観」、『大谷学報』第93巻第１号、１-19頁
────［2014］「信念の倫理とプラグマティズム──ウィリアム・ジェイムズ〈信じる意志〉をめぐって」、『宗教研究』第88巻第３輯、第381号、日本宗教学会、101-25頁
福元圭太［2020］『賦霊の自然哲学──フェヒナー、ヘッケル、ドリーシュ──』、九州大学出版会
藤波尚美［2009］『ウィリアム・ジェームズと心理学』、勁草書房
ブランダム、ロバート［2020］『プラグマティズムはどこから来て、どこへ行くのか』上下、加藤隆文＋田中凌＋朱喜哲＋三木那由他訳、勁草書房
堀雅彦［2003a］「汎神論的視座の受容とその脱一元論化──ジェイムズ宗教論の未来志向性」、『宗教研究』第77巻第１輯、日本宗教学会、75-98頁
────［2003b］「稀有な宗教的経験と普通人の生とを架橋すること──ジェイムズ『宗教的経験の諸相』再読の視点」、『北海道大学大学院文学研究科研究論集』第３号、21-37頁
────［2004］「W・ジェイムズにおける『宗教の科学』と神の実在」、『哲学』40号、北海道大学哲学会、17-36頁
────［2010］「心霊研究の彼方に──W. ジェイムズが見た宇宙」、『スピリチュアリティの宗教史』上、リトン、201-28頁
ミサック、シェリル［2019］『プラグマティズムの歩き方』上下、加藤隆文訳、勁草書房
メナンド、ルイ［2011］『メタフィジカル・クラブ　米国100年の精神史』野口良平＋那須耕介＋石井素子訳、みすず書房
安澤幸代［1996］「ジェイムズの宗教思想におけるプラグマティズム」、『宗教哲学研究』第13号、北樹出版、106-19頁
────［1998］「“Over-belief”とジェイムズの宗教思想」、『宗教研究』第72巻第３輯、日本宗教学会、１-24頁

《著者紹介》

大厩　諒（おおまや　りょう）

1983年生まれ。中央大学大学院文学研究科博士後期課程修了。博士（哲学）。
専門は世紀転換期のアメリカ哲学史。現在、三重大学人文学部特任准教授。共著に『ウィリアム・ジェイムズのことば』（教育評論社、2018年）、共訳にラッセル・B・グッドマン『ウィトゲンシュタインとウィリアム・ジェイムズ――プラグマティズムの水脈』（岩波書店、2017年）、ブルース・ククリック『アメリカ哲学史――一七二〇年から二〇〇〇年まで』（勁草書房、2020年）。

経験の流れとよどみ

――ジェイムズ宇宙論への道程――

2022年3月10日　初版第1刷発行　　＊定価はカバーに表示してあります

著　者　大　厩　　諒©
発行者　萩　原　淳　平
印刷者　藤　森　英　夫

発行所　株式会社　晃　洋　書　房

〒615-0026　京都市右京区西院北矢掛町7番地
電話　075(312)0788番(代)
振替口座　01040-6-32280

装丁　村上真里奈　　印刷・製本　亜細亜印刷㈱

ISBN978-4-7710-3581-2